このユーモアでクラスが変わる
教師のすごい！指導術

森川正樹
Morikawa Masaki

東洋館出版社

本気で楽しんでいますか？

教師という仕事を。

本書は「**教師という仕事を心の底から楽しみつくすため**」に書きました。

楽しむために必要なアイテムはただ一つ。

そう、「**ユーモア**」です。

悩んでいる先生、
困っている先生、
そして、今も楽しいけれどもっともっと楽しみたいという先生も……

一緒に「笑顔」で教師人生を歩いて行きましょう。

プロローグ

教師になってまだ数年だったときのこと。

私は大きな壁にぶつかっていました。

クラスのA君という男の子のことで悩みを抱えていたのです。

A君は言動が乱暴な子どもで、誰かと少し肩がぶつかると、すぐに相手を突き飛ばしたり、ものすごい剣幕で怒鳴ったりします。

その子には全員、君付けで名前を呼んでいました。不自然に「○○君」「○○君」と他の子からその子だけ呼ばれるのです。最初の日から、A君を取り巻く〝不自然さ〟との戦いでした。

Ａ君は私の注意に納得しないと、罵詈《ばり》雑言を私にぶつけてきました。

私のＡ君に対する注意は、日を追うごとに増えていきました。

毎朝、教室に入る前に「今日こそ明るく接しよう」と思っても、Ａ君の言葉や態度に接する度に、顔が険しくなっていく自分に気がつきました。

毎日、少しずつ、自分の顔から笑顔がなくなっていくようでした。


私にとって何よりもダメージが大きかったのは、Ａ君のことを注意しているはずが、Ａ君以外の子どもたちの表情までもが目に見えて沈んでいくことでした。

今になって思えば、これは当たり前のことなのかもしれません。

全員の前で話をしている私の顔が沈んでいるのですから。


当時の私は、気がつけば険しい顔をしてしまっていました。

それを見ている子どもたちの表情もどんどん暗く沈んでいきました。

そこで、あるとき思ったのです。

こんなときだからこそ笑おう、と。

まずは朝一番に楽しい話をしよう。

子どもたちから笑い声が起こるような楽しい話題で一日を始めよう。

子どもたち一人ひとりの笑顔をつくろうと意識することから始めたのです。


「ユーモア」をベースに、前向きに教室をつくっていく。

「ユーモア」をベースに、子どもたちが仲間になっていく。

ことあるごとにそう意識して子どもたちとの時間を過ごすうちに、まずは私自身の心に余裕が生まれてくるのを感じました。心に余裕が生まれるにつれ、私のA君への接し方にも変化が起こるようになりました。


以前ならすぐに注意をしていたであろうA君の乱暴な態度を前にしても、「よっしゃ、よっしゃ」と冷静に接することができるようになりました。自分でも意外なほどに、A君に対して自然に温かく対処できるようになっていったのです。

その私の変化に比例するように、他の子どもたちの笑顔も徐々に増えていきました。

私が目指そうとしたクラスの前向きな姿が、少しずつ少しずつ、現実のものとして現れてきてくれました。

壁にぶつかって心底悩んでいた私を、そして何よりクラスの雰囲気を救ってくれたのが**「ユーモアの心をもつ」**ということだったのです。

教師という仕事は、「教師の心」こそが大きな意味をもつのではないかと思っています。「繊細な心」と「大胆な心」。一見、相反するようなこの二つの心をもつことが私たち教師には必要なのだと思うのです。

子どもの些細な変化や成長を見ることができるのは「繊細な心」あってこそでしょう。一方で、教室で何か困ったことが起きてもそれをきちんと受けとめるには「大胆な心」もまた必要だと感じています。

ハリウッド映画を観ていると、命を狙われているような渦中にあっても、主人公がジョークを飛ばしています。ジョークを口にすることで冷静さを取り戻している……そして間一髪のところで危険を回避する。

「ユーモア」が心の余裕を生んでいるのです。

A君がいたクラスでの変化のように、私が教師として困ったとき、それを乗りこえてこられたのは「ユーモア」を心の軸にしたときからでした。

教室に困ったことが起きても、担任の先生が頑丈で諦めない心をもっていれば、必ず状況を変えることができると思っています。

流すところは流し、受け止めるところは正面から受け止める――強いメンタル、強い心を支えるのがユーモアなのです。

「ユーモア」を教師の心の軸にする。

それは、どんな状況にもしなやかに対応できる強力な味方を手に入れることと言えるかもしれません。

さて。

あなたは本気で楽しんでいますか？

教師という仕事を。

本書では私が教室で実践している「ユーモア」を軸にした子どもたちへの指導法をご紹介していきます。一度大まじめに、ユーモア視点で教師の指導を語ってみたかったので、その夢が実現したわけです（笑）。

さあ、「笑顔あふれる教室」行き〝ユーモア列車〟が発車いたします。

どなた様も、乗り遅れのございませんように……。

目次

プロローグ……1

part 1

【授業の中で】編
子どもが楽しむ授業を「どう演出する?」

授業での教師は演出家……14
子どもの記憶に残る「合い言葉」活用法……17
「動作化」で作文指導を盛り上げる……22
子どもの集中力を途切れさせない「こんな仕掛け」……25
指名も発表も、バリエーションが命!……28
子どもを注意するシーンこそ、ユーモアを倍増……32
実物投影機――クラスが盛り上がる演出法……34
笑いの素材は「子どもの言葉」の中に……36

part 2

【会話の中で】編

教室に必ず笑いが起きる「話材」&「話し方」

子どもが一番聞きたいのは「この話題」……42

「話の瞬発力」を磨く……45

「共感の飛び石」を置いて話す……47

物言わぬ「間《ま》」こそ、話の要……51

「子どもがツッコミを入れる」からおもしろい……54

聞き手を見えない世界に連れていく……58

話力をつけるために大切なこと……61

part 3

【遊びの中で】編
遊ぶ時間も、もっと楽しくおもしろく！

実況中継鬼ごっこ!? 66

アテレコ 68

超能力!?──書かれたマークをズバリ言い当てる 70

劇をする──たかが遊び、されど遊び 74

ドラマチックままごと──普通のままごとではありません！ 78

黒板㊢活用術──百聞は一見にしかず……ご覧ください 83

part 4

朝から放課後まで笑顔を増やすこの方法
【教室の一日】編

「素晴らしいメーター」と「教室ライブ中継」 92
「子どもにとっての楽しみ」を増やしていく 96
朝一番は「笑い」 98
教室小ネタ10選 100
①指から入場 100／②スルー&黙礼 102／③絶句（ZEKKU） 104
④突然「方言」 106／⑤「魂出てたよ」 108／⑥ふくれる 110／⑦ドタバタ 112
⑧すっとんきょう 114／⑨セルフ効果音 116／⑩裸足で教室IN 118
一日の終わりにも、連絡帳で笑いを！ 120
コトバだけでなくイラストでも伝える 122
小さな「サプライズ」が大きな信頼関係を生む 125

part 5

手元に置いておきたい㊊必須アイテム

【小物を使う】編

大事なことは、お人形と一緒に覚える。……130
小さなカラダ、大きな存在感、パペット。……134
ベルを鳴らして、教室の空気をチェンジ。……139
モーツァルト→ベートーベン→担任の先生!?……140
手軽に楽しく! ハンコ活用!……143
デジカメひとつ。使い方はいろいろ。……145
ユーモア「紙芝居」術!……147

part 6

【先生の心得】編 笑いとユーモアでクラスをまとめる！

楽しむ天才になろう……152
「おもしろくない時間」がない人……155
鏡よ、鏡……158
子どもが動きたくなるのはどんなとき？……161
〝少し勝ち越す〟心で……164
エピローグ……167

part 1

【授業の中で】編

子どもが
楽しむ授業を
「どう演出する?」

授業での教師は演出家

日々授業をしている教師は、脚本家であり、舞台監督であり、演出家でもあると思っています。

授業のシナリオを書き、必要な環境を準備して整え、子どもの動きや反応に向き合いながら、子どもが夢中になってくれるような状況をそのときどきで演出していく。

もちろん、授業者である私たち自身が子どもと一緒になってワクワク夢中になれるような授業をつくることができれば最高です。

私がある研究会で公開授業をしたときのことです。

国語の詩を扱う授業をすることになりました。

私は、**一編の詩を一枚の絵画に見立てて、教室を「詩の美術館」にする**ことを思いつきました。

その日の授業で扱う詩をプリントした紙を絵画のように額に入れておく。

そして、子どもたちがその詩の紹介文を書くことを授業の内容として設定したのです。

授業当日。

私は、あらかじめ額に入れておいた詩を班ごとに配りました。

その瞬間、子どもたちの目の色が変わり、歓声が起こりました。

同じように詩を提示するのでも、プリントとして配らずに、美術館という設定で「額にして提示する」というちょっとした演出が、子どもたちのイメージを刺激するのです。

つまるところ、**「演出」とは「遊び心」**のことなのかもしれません。

もちろん、演出に凝《こ》りすぎて授業の本質やねらいからそれてしまっては本末転倒ですが、遊び心をもってつくる授業にはその思いの分だけ〝熱〟のようなものがこもります。その〝熱〟が子どもに伝わるからこそ、子どもたちが夢中になる授業が実現できるのではないか——そう思って様々な演出を夢中で試行錯誤している日々です。

子どもの記憶に残る「合い言葉」活用法

「さて、みなさん、今日の合い言葉は何だったでしょうか？　おわかりの方は用紙に書いてドシドシご応募くださいね！　それではみなさん、さようなら〜」

帰りの時間の一コマです。

——話をこの日の朝に戻してみましょう。

朝の会で、先生が子どもたちに連絡事項を伝えています。

「今日は昼休みに五年生だけ体育館に集まってください。明日の会の準備をします。あと、合い言葉は……」

その瞬間、子どもたちの目がぎらり、ぎらりと光ります。

「合い言葉は……〝さ〟！」

子どもたちはとっさに鉛筆をもち、〝さ〟とメモをしています。
さて、一時間目の授業の終盤です。
「次は、この練習問題から始めましょう。合い言葉は……〝い〟！」
子どもたちは即座にメモをとっています。
二時間目は体育が終わり、体育館から戻る直前でした。
「合い言葉は……〝い〟！」
四時間目の終わりに〝く〟。
給食配膳の最中に〝せ〟。
五時間目の最中に〝い〟。
六時間目の最中に〝そ〟。
さようならの前のお話のときに〝ば〟。
これで全ての合い言葉が出そろいました。

〝さいくせいそば（サイ育成そば）〟？？？

ば
い
そ
せ
い
く
い
さ
さいいくせいそば……
?

実はこの八文字の合い言葉はアナグラムになっており、順序を並べ替えるとある単語になるという仕掛け——子どもたちは必死になって考えています。

そして、答えがわかった人から紙に書いて、設置してあるポストに投函します。

さて、みなさんは答えがおわかりでしょうか。

ヒントは五年生の社会科、「農業」の学習で出てくる言葉です。

そうです。

答えは**「そくせいさいばい」＝「促成栽培」**です。

このように、**新しく習った単語や授業のキーワードなど、大事な言葉をゲーム感覚で覚えてしまおうというのが、この合い言葉活用法**なのです。難しい言葉や長い言葉も、しっかりと覚えることができるでしょう。

歴史なら、「いじんしめい（偉人使命）」↓「明治維新（めいじいしん）」。

理科なら、「かんそにさんた（簡素にサンタ）」↓「二酸化炭素（にさんかたんそ）」。

もちろん、いつもいつも合い言葉ばかりでは、授業の邪魔になることもありますし、特別感も薄まってしまうので、ちょっとした刺激として時々やってみるほうが効果的です。

単元の終わりなどに遊び心で楽しんでみてください。

「動作化」で作文指導を盛り上げる

作文の授業で、私が次の一文を板書します。

悲しくて（　　　　）歩いていました。

「さて、この（　）の中にはどんな言葉が入るかな？」と聞くと、「悲しくて**（トボトボ）**歩いていました」と書いた子どもがいました。

その子どもを指名して前に出てきてもらい、「どんな感じなのか歩いてみてくれる？」と実際にみんなの前でやってもらうと……その子はがっくりと肩を落とし、下を向いて、いかにも「トボトボ」歩いてくれました。

すかさず私が「確かにこれは悲しそうやなあ」とコメント、子どもたちからも笑い声が起き、教室がわきました。

動作化やジェスチャーなどを子どもたちにさせることは、授業を盛り上げる一つの演出になるのです。

さらに授業を続けます。

ネズミが（　　　）歩いていました。

この文章を提示すると、「ネズミが（**歯をギラリンと光らせて**）歩いていました」と書いた子どもがいました。

「歯が光る」というのは、なかなか動作化しづらいものですが（笑）、この子どもは手や表情で必死に再現してくれました。

見ていた子どもたちも拍手喝采です。

いくつかやりとりが続いたあと、最後に提示したのは次の文章です。

怒られるかもしれないのに、（　　　）歩いていました。

これは、「怒られるかもしれないのに」の**「のに」**がポイントです。文章を書いた途端、私の予想通りにクラスのやんちゃな男の子ががっつり食いついてきてくれました（笑）。

怒られるかも知れないのに、**「堂々と」**歩くジェスチャーをして、大いにクラスをわかせました。

このような動作化を取り入れることは、授業が盛り上がるだけでなく、子どもたちがお互いにツッコミを入れたりするので、授業への参加意識が高まるというよさもあります。授業参観などでやってみると、さらに盛り上がります。ぜひ試してみてください。

子どもの集中力を途切れさせない「こんな仕掛け」

社会や英語、国語の漢字などで「フラッシュカード」を使うことがあると思います。フラッシュカードを教師が一枚ずつ提示しながら、子どもたちに答えを言わせていく。そのようなとき、私は子どもたちの集中力を持続させるためのちょっとした仕掛けをすることがあります。

カードの中に「ユーモアカード」を忍ばせておくのです。

たとえば、社会の【都道府県名当てシルエットカード】の中に、あらかじめ「国名当てカード」を紛れ込ませておきます。

教師がシルエットカードを一枚ずつめくり、子どもたちが「兵庫県！」「岩手県！」「福岡県！」などと答えていると、突然**「日本」**のカードが登場、子どもたちは「あれ⁉」。集中力が途切れ始めていた子どもがいても、アンテナがピンと立つでしょう。

そこで教師が「あれ、これは国だね。何ていう国かな？」と聞き、子どもが「日本！」と答えてくれたところで**「そうです。県が全部集まって日本になりました。おしまい！」**と言えば、なかなかきれいにまとまります（笑）。

または、**【世界の国名当てシルエットカード】**の中に、**見たこともないシルエットが書かれたカード**をまぜておき、子どもが？？？となったところで**「残念でした。これは森川王国でした」**などとやってみます（笑）。

国語の**【漢字カード】**なら、読み方のおもしろい漢字などを入れておきます。「海星（ひとで）」や「海馬（トド）」など、意表を突かれるような変わった漢字を混ぜておくと、子どもたちは熱中してくれるでしょう。

さらには、カードの題材自体を工夫してもOK。「黄色いカード」を見せて教師が「果物」とお題を出し、子どもが「バナナ！」「レモン！」などと口々に答えていくのもおもしろい。声がそろうと歓声が上がります。

これは?
イタリア
じゃあ これは?
イギリス
じゃあ
これは?
森川王国で〜す!

指名も発表も、バリエーションが命！

授業中に子どもを指名して発表させる場面でも「誰を指名して」「どのように発表させるのか」、私は場面や状況によって使い分けるようにしています。

たとえば、クラス全体の発言が少ないときなどは、私が答えを言ってしまってから、「同じ考えの人？」と聞いて手を挙げさせるようなこともしてみます。

もしくは、誰か一人の子どもを指名して答えを言ってもらい、「同じ意見ですか？　それとも少し違いますか？」と聞くこともあります。

いきなり〝整った発言〟を促すのではなく、まずは〝発言付近〟にまで連れて行くイメージです。

つまり、**指名・発表も、状況によって臨機応変に工夫していくということ。**

私が普段から実践している「指名・発表の方法」を紹介しましょう。

・教師が代わりに言う／友達に代わりに言ってもらう
・賛成か反対か挙手をさせる
・まずは意見をノートに書いてそれを読みながら発表させる
・隣同士で話し合いをさせてからどちらか一人に「ペアの意見」として発表させる
・一つの班だけ全員を発表させ、残りの班は一人ずつ発表させる
・意見が分かれたら人数の少ないほうから発表させる
・一つの列を選んで順番に発表させる
・教師が歩きながら順に当てて発表させていく
・言いたい子全員を立たせて発表させる
・教師は指名せず、言いたい子どもに自分で起立して発表させる

まだまだ他にもありますが、ここで**「ユーモア指名」**の方法もご紹介しましょう（やるかやらないかは自己責任です 笑）。

【180度ターン指名】

席の間を歩きながら急に方向転換して油断している子を指名。

【予測不能指名】

㊔「え〜っと、今日は2月3日だから……出席番号11番の人！」→㋙「え〜!?」

【予測不能指名 その2】

㊔「え〜っと、今日は2月3日だから…節分やな……はい、〇〇ちゃん（と、目の前の子をあてる）」→㋙「節分関係ないやん！」

【先生は後ろに目があります指名】

手遊びしているA君を確認した後、黒板のほうを向いて板書しながら「A君、まさか手遊びなんかしていないよねぇ？」

【幼児退行指名】

「〇〇く〜ん、さあ、言ってみようかぁ〜。大丈夫かなぁ〜。起きているかなぁ〜」

【黒板に書いて指名】

《西田くん前に出てこの問題を解きなさい》と書く。（これは結構怖い 笑）

【トランプ指名】

トランプを引き、出た数字と出席番号などを合わせて指名。または、数字とは関係のない人をあえて指名。

【ダウジング指名】

鉱物を発見するかのごとく指示棒などでダウジングしているふりを装って指名。

【「○○が呼んでいる！」指名】

テレパシーを感じているふりを装い、「田中君が呼んでいる！」と指名。

……と、いろいろなやり方がありますが、ＴＰＯに合わせて使い分けてください。くれぐれも「本に書いてあったから」といって研究授業などで実行しないようにご注意を（笑）。

子どもを注意するシーンこそ、ユーモアを倍増

拙著『言い方ひとつでここまで変わる教師のすごい！会話術』（東洋館出版社）では、様々な場面で使える「教室コトバ」を紹介しています。

たとえば、授業中、脱線気味になっている子どもに注意を促す場面で。

「○○ちゃん、スイッチ押したら、穴があいて落ちていくよ」

このような言い方なら、教室の雰囲気を壊すことなく、注意した本人にはしっかりと意識させることができます。

このセリフを少しアレンジしてみましょう。

「○○ちゃん、スイッチ押したら、ものすごい勢いで上に発射されることになってるから」

「○○ちゃん、スイッチ押したら、遠くから鉄球が飛んでくるから」

「○○ちゃん、スイッチ押したら天井が開いて、真っ白な粉が落ちてくるから」

名づけて**「スイッチシリーズ」**（!）、「スイッチ押したら」の後を変えるだけでセリフは無限大に広がります。


注意すれば教室の空気が壊れることがあります。

同じ子に何度も注意していると、次第に教室全体の空気も淀んできます。教室にはその子だけいるのではありません。頑張って授業を受けている子がたくさんいるのです。クラスの雰囲気を壊さないでその子だけを注意したいと思うようになりました。

そこで、ときにはユーモアを交えて注意するようにしたのです。

クラスの頑張る空気を壊さないために、「さっぱりとしたユーモア」を。


「○○ちゃん、もし次、後ろ振り向いたら、君の真横に森川先生のパネル立てるから」

実物投影機
――クラスが盛り上がる演出法

手元のものを黒板やスクリーンに投影して子どもたちに見せる装置――「実物投影機」「書画カメラ」などと呼ばれる装置を私はよく活用しています。

なかでも、最も出番が多いのが、**子どもが書いたノートをみんなに見せるとき**です。

よく書けていてお手本にしてほしいノートや、もうひと頑張りというノートをそれぞれ映し出しながら、口頭で私がポイントを解説していくのです。

そんなとき、ちょっと遊んでみることもあります。

たとえば、ＢＧＭを口ずさみながら、映画のエンディングロールのように下から上へ少しずつスライドさせながら、見せたいものを映し出していく。

たとえば、「3、2、1……**ドーーーーーーン！**」というカウントダウンとともに一気に全体を映し出す。

たとえば、その日の給食を映し出し、「この中で先生が最初に食べるものは何でしょう？」と食育の話につなげる（もちろん行儀が悪くない程度にとどめます）。

たとえば、「S（すばらしい）」や「A（よくできました）」など高評価が書かれた子どものノートを映し出すとき、いきなり「S」の部分にズームインしておいてから、徐々にズームアウトしていって全体を映す（「誰のノート⁉」というドキドキ感を演出できます）。

実物投影機を使っているときというのは、子どもたちの視線がスクリーン一点に集中しています。だからこそ、教室の盛り上がり方も絶大なのです。

身近にある機械も使い方ひとつで、よりインパクトを与えるユーモアアイテムに変身します。

笑いの素材は「子どもの言葉」の中に

ある研究授業でクラスのA君に詩を音読させました。

それは日本語の詩だったのですが、英語の単語が一つ混じっていました。

A君が読み終わった後、私は言いました。

「英語の発音、もうちょっといけるんちがうか？　せっかく英語習っているんやし。もう一回読んでみようや」

A君は見事な発音で**「ワンダーランド！」**と言ってのけたのでした。

会場は参観の先生も含め大爆笑！（まさにワンダーランド！笑）

A君もとても満足げでした。

授業における「笑い」で大切なのは、

「子どもの言葉で笑わせる」

ということです。

笑いをつくるきっかけは教師のツッコミであっても、結果として注目されるのは、子どもであるべき——**笑いの主役はあくまで「子ども」にしたい**と思うのです。

「ここでこの子ならこう言ってくれるだろう」
「ここでこの子ならこんなことをしてくれるはず」
「ここでこの子ならこんな絵を描くだろう」

このようなことを想像できるのは担任（担当）の先生だけです。
その〝特権〟を生かさない手はありません。
そのために次の四つのポイントをいつも意識することが大切です。

①その子の性格やそのときの生活の様子を理解する

突然何かを振っても対応できる子なのか、固まってしまう子なのか、性格的な傾向を普段から観察しておきます。

また、同じ子どもでも調子のいいときとそうでないときというのがあるものです。「最近は調子もよさそうだから、その子に話題を振ってもちゃんと返してくれるだろう」などという細かな配慮も必要です。

②その子と周りの子の関係性を理解する

その子が他の子どもたちとの関係の中でどんな立ち位置にいるのか――リーダー的な存在なのか、普段からお笑い担当なのか（笑）、それとも笑いの受け手側にいることが多いのか、などといったことも見ておきたいものです。

そして、その子どもが他の友達とトラブルを抱えたりしていないかどうか。トラブルがあるときに無理やり笑いに巻き込もうとすると、後でその子が周りから何か言われてしまうなどということもあるので注意が必要です。

③授業中の空気（盛り上がっているのか沈んでいるのか）をよみとる

授業で「笑い」を入れるといっても、その目的はあくまで子どもたちがリラックスして積極的に授業に臨めるようにすること。ふざけているような授業になってしまっては本末転倒です。

笑いの要素を入れるときにも、授業の展開や子どもたちの雰囲気をその都度きちんと見ながら判断していきます。

④ツッコミの言葉を磨いておく

適度な声の大きさや間、効果的な一言を返せるか……これは、普段の教師の姿勢こそが大切です。子どもたちを否定的に捉えていたり、口を開けば注意ばかりという状況では、クラスを盛り上げるような言葉が瞬時に出てくることはないでしょう。

教師の日々の心構えや子どもの受け止め方——まさに「学級経営」そのものです。

子どもの言葉に温かく対応できるクラスをつくること。

その思いが〝教師のツッコミ〟を生み、笑いにつながる〝子どもの一言〟を生むのです。

part 2

【会話の中で】編

教室に必ず
笑いが起きる
「話材」&「話し方」

子どもが一番聞きたいのは「この話題」

私がクラスで実践している「素晴らしいメーター」。

子どもたちが何かひとついいことをする度に、目盛りが一つずつ上がっていき、満タンになったらそのご褒美として私が「おもしろ話」を披露するというシステムです（詳しくは92ページで紹介しています）。

おもしろ話のストックにはそれなりに自信をもっていた私も、だんだんとネタが減っていきました……でも、ネタが尽きることなどありません。

「目の前の子どもたち」こそ、おもしろ話のネタの宝庫だからです。

子どもたちが一番聞きたいのは、自分のことが出てくる話です。クラスの友達が出てくる話です。

たとえば、朝の登校時、教室に着く前に子どもと一言二言、言葉を交わす。

もしそこで少しでもおもしろいやりとりがあれば、すぐさまそれをクラスで話します。

「今朝、先生が通学路を歩いていたら、誰に会ったと思う？　まあ、朝から楽しませてもらったよ。だって『彼』に会ってしまったからね。『彼』に！」などと話を始めます。

聞いている子どもたちはニコニコしています。

本人はもっとニコニコしています。


その子が歩いてきたときの様子を具体的に話してみます。

「タッタッタと小走りに先生の横を過ぎていったんだよ」

その子の表情も詳しく話します。

「通り過ぎるときに、サイトウ君が先生の顔を見てね、ニタ～～～っと笑うわけ。もうわかるよね、みんな知ってるよね。サイトウ君のこの顔、何か企んでいるときの顔だよね」

このように、直前の出来事であれば、聞き手もライブ感覚で聞くことができます。話すほうも、エピソードをはっきりと覚えているので、具体的な描写も交えて話をすることができるというわけです。

話の〝鮮度〟が高いうちに話すわけですね。

子どもたちは自分が話に登場すると嬉しいのです。

「先生、あのこと話して」と私に言いに来ます。

話の中で自分が主人公になることは、とても特別な感じがするものです。

話の中に子どもたちの具体的なエピソードを入れましょう。

個人名を入れてエピソードを話してみましょう。

それだけで、子どもたちの〝食いつき〟は明らかに変わってくるはずです。

「話の瞬発力」を磨く

子どもたちの家に電話をして、本人が出たときのことも盛り上がる格好の話のネタになります。その子の電話の応対のことを楽しく話せます。

「やっぱり○○ちゃんは大人だよね。きちんと礼儀正しいわけ。まあ、それに引き替え△△君の話し方の驚くこと。あ、もしもし、△△さんのお宅ですか？　って言ったら、『うん！』って大声で。で、それだけ。もうびっくりするでしょ？」

子どもたちの笑っている姿が目に浮かびます。

どんなに些細な出来事も、「エピソード」として話すことができれば、それは「ドラマ」に変身する――だからこそ、普段から**「話の瞬発力をもつ」**ということです。

「話の瞬発力」を磨くためには、毎日毎日、とにかく子どもたちの前で話し続けること。

これ以外に方法はありません。

「あと五分でチャイムが鳴るから、ここはちょっと短めに話そう」

「結構時間があるから、本題までの伏線を具体的に話しても大丈夫だな」

このような判断を実践の中でくり返すことで、私は日々、自分の話し方を磨いています。

そして何より、**先生の話し方を磨いてくれるのが「子どもたちの反応」**です。

大きな笑いが起こった。

予想していたよりも反応が薄かった。

話を聞いている子どもたちの様子を見つめながら、次に生かします。

私は〝子どもにウケた話〟は、その都度記録しておくようにしています。休み時間や、放課後にです。些細な話でも、クラスの子たちの反応がよかったらそれを忘れないように記録しておくのです。

記録していることはその時点で強烈に意識していることになります。

毎日話しては考え、記録する。それを習慣のように続けていきます。

今、クラスの子どもたちは「先生話して！」とせがんでくれます。

「共感の飛び石」を置いて話す

日本庭園などを伝い歩くために点々と配置されている「飛び石」。
あの飛び石のイメージで、話の中に**「共感」**を置きながら話をしてみます。
……といきなり書いても、よくわからないですよね？（↑共感を配置 笑）
実際の会話を紹介してみましょう。
私が友人と出かけたときの友人のドジな話を子どもたちに話している場面です。

私：「先生さあ、その友達としまなみ海道を歩いて渡ったのよ。そして一つ目の島でジェラートを食べようと思ったのね。で、ジェラートっていくつか味を選んで組み合わせることもできるでしょ？　ダブルとか、ミックスとか……で、その友達はさあ、欲張ってトリプルにして三つの味が積み上がったのよ。タワーのように。**ここでまたその彼のドジ体験が始まるんです！**」

子どもたち：「あ……まさか！」

私：「**わかる？　わかるよね？　どうなったか！　三段だよ、三段‼**」

子どもたち：「いや〜！　やめて〜〜〜‼」

私：「そうなの。彼が『森川！』って振り返ったときに、まあ見事にボタン！　ね。クッキークリーム、さようなら〜〜〜」

このように、ところどころで子どもたちが「共感」できるポイントをつくります。

「**今お友達とおしゃべりしたい、そう考えるのはわかる。**でも今はまず……」

「**正直これからまだ走るの？　と考えていると思う。**でもちょっと聞いてほしい……」

これらは生徒指導や、子どもたちのこの後の指示などを促す場面です。

人の話を聞くときに、相手が一方的に話をしてくると途中で飽きてしまうことがありますが、話の中に「共感できるポイント」が出てくれば、ただ受け身で聞いているという姿勢にはなりません。

あたかも、聞き手である自分もそのエピソードの中に参加している……聞き手側が積極的に話に巻き込まれていくから、話を聞いていて楽しいと思うのです。

つまり、

「子どもの共感を得る」ということは、「子どもを話に巻き込む」

ということです。

話すときは「共感」の飛び石を置きながら、渡ってみましょう。

物言わぬ「間《ま》」こそ、話の要

話をするとき、一番難しいのは**「待つこと」**なのではないかと思います。

音読でも、朗々と読むまではいきます。

しかし、適切なタイミングで「待てる」かどうか――つまり**「間《ま》をつくる」**ことができるかどうかということになると、これが案外、うまくできることは少ないものです。

「先生ね、怖いなあと思いながらも、そのまま階段を上がっていきました。一段ずつ。そうっとね。それで、とうとうその小さな山の頂上に出たの。そこには何があったと思いますか？　小さなお地蔵さんが三体と、小さな祭壇があったんです」

……と一気に話してしまってはいけません。

これは、私が一人旅をしていたときの出来事を子どもたちに話した場面なのですが、ところどころで「間」をとることで、子どもへの伝わり方は変わります。

たとえば、「とうとうその小さな山の頂上に出たの。」の後に、ワンクッションを置きます。ここでほんの数秒の間を取り、**自分の頭の中でシーンを想像する時間を子どもたちに与える**のです。

そして、「何があったと思いますか?」でまた間をとる。ここは問いかけていますから、先ほどの間よりは少し長めにします。問いかけの答えを子どもが考える時間なのです。

このように小さな間を適切に積み重ねて話すことが、子どもの思考を促し、想像力を刺激してくれます。

だから、子どもが熱中して話を聞くことができるというわけです。

さらに、この「間をとる」ということは、話し手である先生にとってもいいことがあります。話の途中途中で間をとることで、教師自身も冷静になることができるのです。

矢継ぎ早に話を続けていると、知らず知らずのうちに興奮してきてしまいます。子どもの反応を見る余裕もなくなり、聞き手との距離がどんどん離れていってしまうのです。結果、話の内容も子どもたちの右の耳から入って左の耳へと通過してしまう……。

話すときには、

「落ち着こう」よりも「間をとろう」

が合い言葉。

物言わぬ「間」こそ、話が伝わるかどうかのバロメーターなのです。

「子どもがツッコミを入れる」からおもしろい

赤ちゃんの話や動物の話題は、私のクラスの子どもたちの大好物です。その話題にも、少しいたずらを仕掛けてみましょう。

「高い高〜い。かわいいよね。赤ちゃんは。○○君、君もこうやって大事にされて育ってきたんやで〜（高い高いのジェスチャー）」

子どもたち、微笑みながら聞いています。

「ほ〜ら、高い、高〜い！

高〜〜〜い、

高〜〜〜〜〜〜〜〜〜〜〜〜〜〜〜〜〜〜い!!!」

天高く赤ちゃんを放り投げるジェスチャーでミッションコンプリート。

子どもたちは、間髪入れずに、

「あかんやん!」

クラス中が大爆笑です。

お次は、私の飼い犬の話です。

わが家の愛犬は、レオン君（ラブラドール・レトリバー）とルビーちゃん（ポメラニアン）。

これまた子どもたちの大好きな話題です。

レオン君の話は、子どもたちにも大人気です。

「レオン君も今だからこそ巨大になってしまったけれど、最初はこんなに小さかったんやで。こ〜んなに。それでよくしたんや。『高い高い』を」

《勘のいい読者のみなさんならすでにおわかりですね。さあ、ご一緒に……》

「高い、高〜い、**高〜〜〜い**」

……とは、**あえてここではいきません**（笑）。

「おっと、ここは優しくせんとな〜。先生はこうしてあげるねん。回れ、回れ〜…」

《そうです、ここです。ここですよ〜！》

「回れ〜、**回れ〜〜〜**

回れ〜〜〜〜〜〜〜〜〜〜〜〜〜!!!」

と、レオン君を振り回して遠くへスローイングするジェスチャーをすると、子どもたち、

「やめて〜〜〜〜〜〜〜〜〜〜〜（爆笑）」

「おっと、それはない。それはない！」

という具合です。

当然ですが、普段からレオン君との愛ある日常をたっぷり語っていますし、決して犬をいじめているなどという印象にはなりませんので、念のため……。

こうして爆笑に包まれた後の教室でサッと授業の真剣モードに切り替える。このメリハリもまた、〝快感〟なのです。教師も、子どもも。

聞き手を見えない世界に連れていく

自分の声一本で子どもたちを話の世界に連れていく。

これが究極の「語り部」です。

そして、語り部と呼ばれる人たちが例外なくもっているもの。

それが**「描写力」**なのではないかと思っています。

描写とは、話の展開に必ずしも必要な要素ではありません。

でも、描写があるのとないのでは、聞き手が受ける印象は大きく変わってくるものです。

たとえば「わらぐつの中の神様」（光村図書五年）という国語の教科書教材がありますが、
この物語文の大きな特徴は**「あえて散りばめられた無数の描写」**です。

冒頭の数行だけ見てみても、次のようにたくさんの描写があります。

「しんしんと／台所で夕ご飯の後かたづけをしている音が聞こえる／辺りはとても静か／風が出てきたらしく／まどのしょうじがカタカタと鳴りました／雪がサラサラと雨戸に当たっては落ちていきます／お母さんが、水音を立てながら答えました」

これらの描写がなくとも、話の展開は理解することができます。

しかし、この描写こそが読者を「雪国のある家族の団らんの場」に連れていくのです。

私たちが子どもに話をするときも同じです。

「朝先生が学校に来るとき、ヤマモトくんと会いました」

と言うのと、

「朝ね、先生が車を駐車場に駐めて、学校の横の細い道を来るわけ。そうしたら、ちょっと前のほうをふら〜っ、ふら〜って歩いているのよ……あの子が。またいつものように何だかふくれあがったカバンを持っているの。カバンから何かがモコモコと飛び出しているの（この辺で子どもたちは「あの子の話だ」という見当がついてきている）。そう。ヤマモト君です」

後者の話し方なら、聞き手は本当は見えていない世界を頭の中で想像しながら聞くはずです。つまり、**「聞き手に話の先を想像させたり、期待させたりする」ことが描写のもつ力**なのです。

話している最中に子どもたちからクスクスと笑い声が聞こえたり、子どもたちの顔が上がってきたり、子どもたちの表情が少しずつ笑顔になってきたりすれば、それは、話に引き込まれている状態です。

ときには、教室にビデオカメラを設置しておいて、子どもたちの様子を撮影してみるのもいいでしょう。それを後から見てみると、子どもたちの反応や変化がよくわかるはずです。

ただし、ある日突然カメラを持ち込むと、子どもたちも緊張して構えてしまいます。日頃から授業風景などを撮影するようにしておいて、子どものできるだけ自然な姿を撮ることができるようにしておくといいでしょう。

話力をつけるために大切なこと

話し方を磨くために大切なこと――

それは、

○日頃から〝ストーリー思考〟でいること
○日々、話し続けること

です。

遭遇したちょっとおもしろい出来事を「いかに子どもたちにリアルに話すか」を念頭に置きながら頭の中で話すことをくり返します。「冒頭」から「締め・オチ」までをとりあえず考えます。子どもたちはここで笑って、最後はこのようなしっとりした雰囲気で終わると全体像を〝妄想〟します。

たとえば私は通勤の車の中で毎日のように子どもたちに今日はどの話をしよう、昨日あったこのことをどう話したら子どもたちが笑ってくれるだろう、ということを考えています。そして自分の教室に行くまでの時間もそのことを考えています。

また、他の人の話を聞いているときも貴重な修行の時間です。自分だったらどうするか、を考えながら聞きます。

授業参観中なら自分が担任だったらどう言うか。

朝礼のときなら自分が校長だったら全校生にどう言うか。

社会見学先の説明なら自分が案内役や従業員ならどう伝えるか。

自分自身が〝攻めの聞き手〟でなければ自分の話し方も向上しません。

当然ですが日頃から常に意識していなければ話し方が上手になることはありません。

上手に〝いただく〟のです。

私たちは知らず知らずのうちに「上達するチャンス」をスルーしてしまっているのです。

うわあ、これは上手い伝え方だなあ、子どもたちがノッているなあ、という場面では必ず「話し方」や「シチュエーション」に工夫があります。またはその話し手がそれまで蓄積してきた技が凝縮されてその空気をつくり出しているのです。

それを味わい、いい言葉ならすぐにメモする。

「いただきま〜す！」と心の中でつぶやいてニヤッとしながらメモするのです（笑）。

さて最終的に話します。日々朝の時間などに子どもたちにエピソードを語る。やはり何度も何度も話すことで上手になります。

話が上手くいったときはまたメモ。

「この展開がウケた」「このオチは使える！」「私（教師）がこう話したら、Aちゃんがこう突っ込んでウケた」「このたとえを使ったときに、子どもたちから『あ〜っ』と感嘆の声が」……。

このようなことを私は今も日々「森川メモ」に書いています。

日々の意識の積み重ねと、実践のくり返し。

これが地道なようで一番の「話し方」の上達法、「描写力」の向上法です。

だって、私たちは毎日毎日、何時間も子どもたちの前に立って話をしているのですから。

part 3

【遊びの中で】編

遊ぶ時間も、もっと楽しくおもしろく!

実況中継鬼ごっこ!?

鬼ごっこは学校での遊びの中で一番子どもたちに体力がつく遊びだと聞いたことがありますが、そんな鬼ごっこも少しアレンジを加えてみると、おもしろさが倍増します。

私のクラスでよくやっているのが、**「実況中継鬼ごっこ」**。

鬼役が相手を追い詰めていく様子を実況中継のようにしゃべる、ただそれだけなのですが(笑)、想像以上にスリルが増します。

逃げている側は、自分が追い詰められている様子を言葉で表現されることで心理的な怖さを感じるものです。

それでは実際の現場からお届けしましょう。

【さわやかな五月。グラウンドにて】

ダダダダダダダ……。

走る子どもたち。

追いかける鬼（教師）。

「さあさあさあ……ついに追い詰められてまいりました。ミチカワ君もいよいよつかまるときがやってきたようです。もうこの先に逃げ場はありません……さあ……（ゼイゼイ）一体この後どうなるのか………（ゼイゼイ）」

息が苦しくなってきましたのでこの辺で（笑）。

遊ぶときは、精一杯遊び尽くしましょう。

教師だって子どもになるのです。

いや、子どもの一歩先を行くくらいでなければなりません（ゼイゼイ…）。

鬼ごっこも日々、進化させるのです（ゼイゼイ…）。

アテレコ

映画の吹き替えなどで映像に声を当てることを「アテレコ」と言います。これをやってみます。

状　況：遠くにクラスの子が遊んでいるのをクラスの子と眺めているシーン。教師（自分）側に数名の子がいて、教師の声を聞き取れること。

やり方：遠くの子がしている身振り手振りに合わせて、こちら（教師）で勝手にセリフを当てがう。遠くの子はこちらのことは知らないのでせっせと自分たちで遊んだり、会話している。教師側の子は教師の発するセリフがまるで遠くの子が話しているように聞こえるので爆笑になる。

というわけです。こんなことを書いて説明したのは初めてです（当たり前か 笑）。

これはおもしろいですよ。遠くの子が真面目な子なら、その子が言わないようなことをあえて当てることで〝意外性〟に笑えますし、やんちゃ君なら、思いっきり真面目なことを当てればそれがまたギャップになり笑えるのです。

相手の子が嫌な思いをすることのないように注意を払うのは言うまでもないことです。

子どもたちはとっても楽しそうですし、これをきっかけに会話も弾みます。

一見、ばかばかしいと思えるようなことにも意味があります。

そのことが、日常生活の「スキマ」を埋めるのです。ぎくしゃくした人間関係の「潤滑油」となるのです。

そして何よりまた一つ、子どもたちと一緒に笑い合う時間が増えるのです。

超能力!?
——書かれたマークをズバリ言い当てる

終業式の日、おもむろに子どもたちに切り出しました。

「先生はずっとみんなに隠していたことがあります」

「え？　何!?」と子どもたち。


「先生、実は超能力が使えるんです」


キョトーンとしている子どもたちに「誰かアシスタントをしてもらえませんか？」とお願いすると、みんな「はいはい」と猛烈アピール。

元気者のA君を指名し、指名されたA君は前へ。

私は黒板に「○」「△」「□」の三つのマークをかきます。

「ではA君、この三つの中から好きなマークを紙にかいてみんなに見せてください。先生はその紙を見ないで、A君がかいたマークを当ててみせましょう」

A君はまっさらな紙にマークを一つかき、それを全員に見せてから折りたたみます。マークが見えないように背を向けていた私は、みんなのほうに向き直ります。

「では、A君が何のマークをかいたかあてます。A君、かいたマークを頭の中で強く強く思い描いてください」

私はしばし目を閉じてから「はい。わかりました」。

黒板に「□」のマークをかくと、子どもたちは「おー‼」。

A君のかいた紙を広げてみると、そこには「□」のマークが！

「まあ、一回だけなら〝ま・ぐ・れ〟ということもありますからもう一回いきましょう」

そして、この後も二回連続で当たるのです。当たっちゃうのです。


さあ、どうしてでしょうか。

念のため申し添えておきますと、私は超能力者ではありません（笑）。

この種明かしは私の次の本で……というのももちろん冗談です。

さて、種明かしは簡単。

読めば「な〜んだ」となるのですが……実は、アシスタントをしてくれたA君がサクラだったというそれだけのこと。

あっけない答えで恐縮ですが、これが案外、気づかれないものなのです。


この超能力ショーの少し前に、私はさりげなくA君を呼び出しておいて事前に打ち合わせをしていました。ちょっと時間を巻き戻してみましょう。

《秘密の打ち合わせの場所にて》
私：「A君、ねえ、ちょっと……」
A君：「え？　何ですか？」（突然の呼び出しにドキドキ）
私：「先生と二人でクラスのみんなを驚かせてみないか」
A君：「え!?（怒られるんじゃないんや）」（目が輝き出す）

私：「この後、教室で超能力実験するから、そのとき君に手伝ってほしいねん」

A君：「わかりました！　やります！」

私：「じゃあ、先生は黒板に『○』『△』『□』の三つのマークを縦一列にかくね。それで、君にマークを選んでかいてもらうけど、かくマークは先生が手で合図をする。先生が『頭』を掻くふりをしたら、一番上の『○』を紙にかいて。『鼻』なら真ん中の『△』、『あご』なら一番下の『□』。とにかく、上、中、下で覚えておいて。わかった？」

A君：「うん！」

ちょっとおさらいをして後は本番、というわけです。

ちなみに、みんなの前でやってみせた後、興奮した子どもたちが「僕が今、頭の中で考えているマークを当ててみて！」と聞いてくるかもしれません。

そんなときは、こう答えてあげてください。

「あの集中した雰囲気がないと、できないんや」

劇をする
——たかが遊び、されど遊び

一日の授業を終えた放課後の時間は、お昼休みよりも少し時間に余裕があるという学校が多いかもしれません。

下校前に子どもたちと何をして遊ぼうか？

毎日、子ども以上にワクワクしている私ですが（笑）、放課後の遊びでおすすめなのは、ズバリ**「劇をする」**ことです。

劇をして遊ぶことは、子どもの成長にとってもいいことがたくさんあると思っています。度胸がつく、発声の練習になる、表現力が磨かれる、羞恥心が薄れる、仲間づくりなどなど、子どもの〝基礎体力〟をつけることができるからです。

何より子どもたちと笑い合える——。

演目は、『竹取物語』『白雪姫』『シンデレラ』などポピュラーなものを選びます。そのまま演じてもいいのですが、私はここでついパロディーにしてしまいます（笑）。

【『竹取物語』のパロディ劇】

竹が〝もう一本〟光っています。さて、そのもう一本の竹から出てくるのは……？（続きはぜひ考えてみてください）

【『白雪姫』＆『金の斧』のミックス劇】

『白雪姫』に登場する魔女が、『金の斧』のようなシチュエーションで、泉に毒リンゴを落としてしまいます。すると、泉の精が出てきて「あなたが落としたのはこの毒リンゴですか？　それとも新鮮なリンゴですか？」と尋ねます。魔女が「毒リンゴ！」と答えたところ、泉の精は「あなたは正直な人ですね。かわりにこの新鮮なリンゴをあげましょう」。

子どもたちは大爆笑です。

ちなみに、このミックスバージョンは、実際に私がクラスの子どもたちとやっていたものなのですが、後に学校の演劇部の演目となりました（笑）。

もちろん、お話をアレンジする場合も、あまりにふざけすぎないようご注意を……。

「演じるのは恥ずかしくて……」という先生も大丈夫。「放課後である」「全員が見ているわけではない」と思えば、自然に演じられるはずです（笑）。

何をおいても大切なのは、先生自らが率先して〝思い切った演技〟をすること。

その先生の姿に感化されて、子どもたちの演技にもどんどん熱がこもってくることでしょう。

たかが遊び、されど遊び。

さあ思い立ったが吉日、明日が公演初日です。

ど・どくリンゴじゃ〜〜〜
せんせーもがんばれー!

ドラマチックままごと
——普通のままごとではありません！

「さあさあ野球、野球。今夜は阪神巨人戦や〜」

「ちょっと、お父さん！　今夜はアニメ観るの！　約束してたやん！」

「あかんねん。今日の試合だけは外せへんねんて」

「ちょっと、お母さんお父さんに言って！　今日はアニメの約束やったのに！」

「お父さん、子どもたちもああ言ってるんですから観させてやったら？」

——これも私が放課後にやっている遊びの一つ、「ドラマチックままごと」のワンシーンです。

まずは私が提案します。

「よし、今日は『**ままごと**』やるぞ」

高学年の子どもたちなら、ここで「え〜、いやや」となる場合が多いです（低学年はやったー！　となることもあります）。

でも、構わず続けます。

教　師「え？『ままごと』って言っても、**あのままごとやないよ**」

子ども「……!?」

教　師「あれ？　知らん？　今アメリカで大流行してるやつ」（←ウソ）

子ども「え〜、知らん」

教　師「あ〜、それやったらわからないはずやな。『**ドラマチックままごと**』‼」

子ども「え？　え？　何それ？」（←ネーミングのインパクトに食いつき始めている）

教　師「よっしゃ。まあやってみよ。とにかくやったらわかるから。じゃあ、先生はお父さん役な。スズキさんはお母さん、イトウ君は子ども、ヤマダ君はポチや」

ヤマダ「え〜ポチて！　ポチて何？」

教　師「そんなんポチ言うたら犬に決まってるやろ。犬や。飼い犬のポチや」

ヤマダ「え〜」

教　師「え〜て、わかってないなあ。この人間ばっかりの家族に、一匹の犬！　この状況、まあ一番美味しい役っちゅうやつやな」
ヤマダ「え〜」（↑まんざらでもない）
教　師《お父さん》「それではいくで。ピンポーン！」
スズキ《お母さん》「え？　何？」
教　師《お父さん》「『何？』て、お父さん帰ってきたんやんか。玄関のチャイム！」
スズキ《お母さん》「ああそうか！」
教　師《お父さん》「ピンポーン！　ピンポーン！　ピンポーン！　ピンポーン！　ピンポーン！」
子どもたち一同「お父さん鳴らしすぎや！」
教　師《お父さん》「わかってるなあ。さすがのツッコミや！（ガチャ）ただいま〜」
スズキ《お母さん》「お帰りなさい、お父さん」
教　師《お父さん》「ただいま。あ〜今日も疲れたわ。お母さん昨日言ってたアレ買ってある？　もう今日一日それが楽しみで楽しみで！」

この突然のフリに、お母さんは不意を突かれます（笑）。
そこで、スズキさんに「アドリブで何とかして！」と目で合図。
スズキ《お母さん》「も……、もちろん買ってありますよ。アレでしょ？」

お母さん、ナイス回避（笑）！

教師《お父さん》「よかった〜。でもこの季節によく売ってたね。アレ！」

どこまで続くねん！（＆〝アレ〟って何？）

はい。そうです。そのツッコミを待ってました。ありがとうございます（笑）。

このように、「ままごと」の中にリアルな会話をアドリブでポンポン入れていくのです。みなさんすでにお気づきのように、自分が楽しいからやっているわけなのですが（笑）、子どもたちにもアドリブを入れさせながら進めていくと、会話力も見事に磨かれていきます。

1分間スピーチなどでもアドリブで話すのが上手になりますし、相手の話にツッコミを入れる力もつくでしょう。

何より子ども同士、子どもと教師のコミュニケーションが増えるので、クラスの雰囲気もグッとよくなります。

ところで……今、あなたの考えていること、わかりますよ。
ポチでしょ？
どうせならポチの出てくる場面やってよ！　でしょ？
というわけで、最後におまけでポチのシーン。

イトウ《子ども》「え～もうちょっとだけ！　次の番組まで見せて！　今日、パンダの赤ちゃん出てくるねん！」

教　師《お父さん》「あかんよ。ここからやったらまだ九回の裏観られるし。ちょうど同点やねん。絶対あかん！」

イトウ《子ども》「今日のパンダ、めちゃくちゃかわいいねん。あ、ポチも観たいって言ってるで。ポチも！　なあ、ポチ！」

ヤマダ《ポチ》「…………………**ワン！**　……え～やっぱりいややや～、この役！」

―完―

黒板裏活用術
――百聞は一見にしかず……ご覧ください

ひげ魔神、登場！

まさか私もこのような書き出しの原稿を書く日がくるとは思ってもみませんでした（笑）。

ひげ魔神、登場！　どうしてももう一度言いたくて……。

この写真は私が四年生を担任しているときに子どもたちと黒板を使って遊んだときに撮ったものです。もちろん、彼は名を「ひげ魔神」と言います。

次ページの二枚は、いわゆる「集中線」を使ったもの。マンガで使われるような集中線を黒板にかいてその前に子どもたちを立たせる、それだけですが、いい感じです（笑）。

このときは、「先生、ちょっと黒板を使ってある実験をしたいんだけどつき合ってくれる？」と真面目な顔で子どもたちに話して遊び始めたのでした。

黒板に集中線をかいていく私を見て、最初は子どもたちの頭の上にあきらかに「？」が浮かんでいたのですが、一人をその前に立たせて写真を撮り、みんなでデジカメの画面をのぞくと、子どもたちは一気にその世界に突入。**マンガの主人公**になったように様々なポーズや表情を見せてくれたのでした。

ちなみに、最初の登場した「ひげ魔神」は、最初はマスクなどかぶっていなかったのです。他の子どもたちとの撮影が進んでいる間に、ゴソゴソと手を動かして何やら作っている……。

数分後、私の前に現れた彼の顔にはマスクが装着され、さらに二度目の撮影のときには手作りの〝ちょびひげ〟まで加わっていたのです。その日から彼のあだなは「ひげ魔神」（笑）。

この後、「ひげ魔神」の様子を見て、あのヒーローも駆けつけてきてくれました――そう、**アイ○ンマン！** 上の写真がそうです。

彼は、この撮影のためにというわけではなく、普段からコツコツと、このアイ○ンマンスーツをつくっていました。このスーツ、マスクだけでなく下の部分もあるのですが、このときは残念ながら「修理中」で教室の片隅に放置……もとい格納されていたのでした。

下がだめなら、せめてマスクだけでもと、颯爽と登場（右の写真）。でもやはりマスクだけでは力が出ずにゲンナリ（左の写真 笑）。

いやはやさすが我がクラスの子どもたち、ユーモアに関して妥協を知りません（笑）。

さて、まだまだ撮影は続きます。

今度は、あの超有名アニメの、超有名なシーンを撮りたいということで、複数の子どもたちが登場しての撮影モードに切り替わりました。

ドーーーン！！！

ひげ魔神が、あの有名なビーム！　子どもたちの演技にもいよいよ熱が入ります。

ご覧ください。この中央の女の子のしなやかなビームのかわし方を（笑）。

一人の撮影も楽しいけれど、みんなでやると笑いも倍増していきます。

この撮影の様子を見ていた他の子どもたちも、いよいようずうずとしてきたようです。

出てみたい……。

そんな気持ちが子どもに芽生えた瞬間を逃す私ではありません。

さりげなく「せっかくだからこの機会に（↑どの機会？）参加しておいたら～」と横を通り過ぎながらつぶやいてみたところ、「まさか、この子が」というような普段はおとな

料金受取人払郵便

本郷支店
承認

7360

差出有効期間
平成28年２月
29日まで

郵便はがき

１１３８７９０

東京都文京区本駒込5丁目
16番7号

東洋館出版社
営業部 読者カード係 行

ご芳名	
ご住所	〒
年 齢	①10代 ②20代 ③30代 ④40代 ⑤50代 ⑥60代 ⑦70代～
勤務先	①幼稚園・保育所 ②小学校 ③中学校 ④高校 ⑤大学 ⑥教育委員会 ⑦その他（ ）
役 職	①教諭 ②主任・主幹教諭 ③教頭・副校長 ④校長 ⑤指導主事 ⑥学生 ⑦大学職員 ⑧その他（ ）
希望誌	①初等教育資料 ②新しい算数研究 ③理科の教育 ④季刊特別支援教育 ⑤特別支援教育研究

■アンケート（表裏）にご協力いただいた皆様の中から毎月抽選で上記の希望誌を送付いたします。

■ご記入いただいた個人情報は、当社の出版・企画の参考及び新刊等のご案内のために活用させていただくものです。第三者には一切開示いたしません。

Q ご購入いただいた書名をご記入ください

（書名）

Q 本書をご購入いただいた決め手は何ですか（1つ選択）

①勉強になる ②仕事に使える ③気楽に読める ④新聞・雑誌等の紹介
⑤価格が安い ⑥知人からの薦め ⑦内容が面白そう ⑧その他（ ）

Q 本書へのご感想をお聞かせください（数字に○をつけてください）

4：たいへん良い 3：良い 2：あまり良くない 1：悪い

本書全体の印象	4—3—2—1	内容の程度/レベル	4—3—2—1
本書の内容の質	4—3—2—1	仕事への実用度	4—3—2—1
内容のわかりやすさ	4—3—2—1	本書の使い勝手	4—3—2—1
文章の読みやすさ	4—3—2—1	本書の装丁	4—3—2—1

Q 本書へのご意見・ご感想を具体的にご記入ください。

Q 電子書籍の教育書を購入したことがありますか?

Q 業務でスマートフォンを使用しますか?

Q 弊社へのご意見ご要望をご記入ください。

ご協力ありがとうございました。
弊社新刊案内等をご希望の方はPCメールアドレスをご記入ください。

@

しい女の子までもが「ビームに当たってギャーのシーン」を演じ始めたのでした。
最後にもう一枚。
かの「ひげ魔神」が、「ビームに対するあたり方がなってない！」と言い始めました。
そして撮影したのが上の写真。

まいりました。

先生、完全にまいりました。

あなたのその吹っ飛び感、空中でピンと伸びた足先＆指先……ひげ魔神、あんたにゃもう脱帽だ。

この一連の撮影の様子は、音声つきの動画でお届けしたいくらいです。

子どもたちの笑い声につぐ笑い声……そこには男女も関係ありません。

さらにはクラスの壁をも越えて、気づけば隣のクラスの子どもまでもが撮影に参加していたのでした（笑）。

本気で遊ぶところに、本気の笑いも生まれます。ときには教師自身が（もちろん節度をもって）羽目を外してみることがあってもいいのではないでしょうか。教師自身のトコトン楽しむ姿勢に、子どもたちはついてきます。

心の底から笑っているとき、子どもたちは本当にいい笑顔を見せてくれます。

その笑顔を見る度に、ずっとずっとこんな顔でいさせてあげたいと思います。

もちろん、授業の中でこそ最高の笑顔を見せてほしいと思います。

しかし一方でこうした何気ない放課後での笑顔も大切にしていきたいと思うのです。

……あ、そうそう。忘れていました。

この実験をしようと思い立ち、子どもたちに協力をお願いした話を最初に書きました。

そのことを聞きつけた隣のクラスの先生が「森川先生、子どもが実験するって言っているんですけど、何の実験するんですか？」と私の教室に入ってきました。

その十分後の様子が、これ。

一番真剣に演技していたのは、この先生だったかもしれません（笑）。

part 4

【教室の一日】編

朝から放課後まで笑顔を増やすこの方法

「素晴らしいメーター」と「教室ライブ中継」

私の教室には、**「素晴らしいメーター」**なるものを設置しています。

といっても、ホワイトボードの右端に「素晴らしいメーター」なるグラフをかいておくだけ。**私が子どもたちに「素晴らしい」と言う度にグラフのメモリが一つ上がっていく**というわけです。

クラスがスタートしたばかりの四月、なかなか生活面で子どもたちがまとまってくれないということがあるかもしれません。そして、教師もガミガミ注意ばかりしてしまう……。

そこで、〝ガミガミ注意〟を上回る〝プラスの空気〟を生み出したい。その発想をもとに設置したのがこの「素晴らしいメーター」。

明るくポジティブなクラスへと導くためのちょっとした仕掛けというわけです。

メーターの目盛りが目に見えて上がっていく様子は、子どもたちにとってもわかりやすい指標となります。子どもたちがお互いに協力して目盛りを増やしていこうという原動力にもなってくれます。

ちなみに、この「素晴らしいメーター」を教室で提案したとき、すぐさま子どもたちから「メモリが満タンになったら何かご褒美をちょうだい！」という声が上がりました。「そうだね。ご褒美は何がいいかな」と私が考えていると、子どもが「満タンになったら先生のおもしろ話を一つ聞かせて！」（子どもたち、かわいいことを言ってくれます 笑）。

もちろん二つ返事でオーケーした私。

すると、メーターが満タンになるのが早い、早い！

私がストックしてきた「モリセンの小話集」のネタがどんどんなくなっていくので、新たなストックを増やすべく日々おもしろ話集めに精を出している私です（笑）。

さて、明るい教室をつくるもう一つのアイテムが、**「教室ライブ中継」**です。

これも「素晴らしいメーター」と同じく、必要なのはホワイトボードだけ。

私が見つけた子どものいいところ、成長したポイントをライブ中継のように書き出していきます。

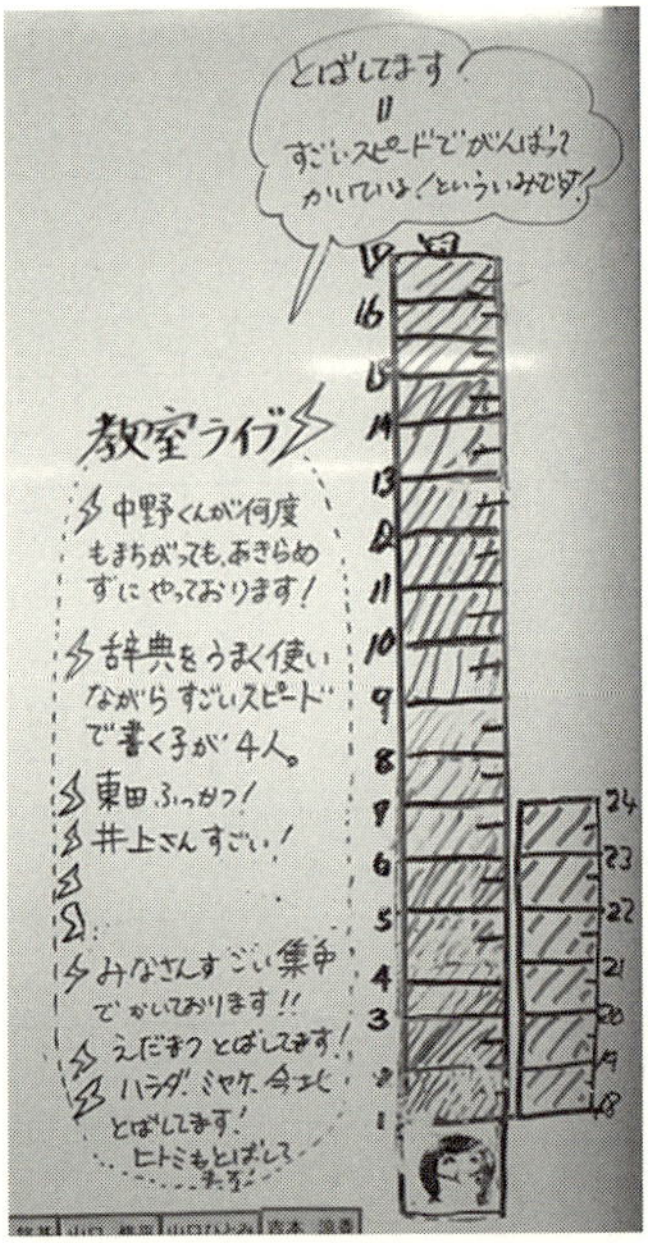

休み時間に、そうじ時間に、給食中に、放課後に……情報はその都度更新されていきます。ほんの些細なことでも子どもたちのいいところを見つけて書きまくります。

もちろん、子どもが友達のことを書いてもいいことにしていますが、書くのは当然「いいこと」だけに限定しています。

クラスが動き出したばかりの数カ月は、「プラス要因を生み出す」ことに力を注ぎたいと思っています。

友達同士の関係も、教師と子どもとの関係も、まだまだ慣れないことが多いときには、ついマイナス要因のほうに目が向いてしまうかもしれません。

でも、そんなときこそ、**「マイナス要因を減らす」努力以上に、「プラス要因を増やしていくこと」をしっかりと意識したいもの。**

子どもの成長をしっかりと見て取って、目に見える形で子どもたちの前に出していく。

そのための工夫が、この「素晴らしいメーター」であり「教室ライブ中継」なのです。

「子どもにとっての楽しみ」を増やしていく

そうじの時間、給食当番などの係の仕事、持ち物チェック……学校で過ごす一日の中には、子どもが「楽しくないなあ」「嫌だなあ」と感じるような時間も少なくありません。

それをそのまま嫌々やらせるのか、それとも子どもが面白いと思えるように「エンターテイメント」にしていくのか——

どうせなら楽しいほうがいいでしょ？

たとえば、持ち物チェックで子どもの筆箱の中身をチェックするときに、教師が「突撃レポーター」風にしゃべり始めてみます。

さあ、今日も始まりました。有名人の持ち物チェック！　今日は有名な○○さんの筆箱の中を拝見してみましょう！（クラスのやんちゃ君をターゲットにする）

おーっと、これは……削ってない鉛筆！　これがあの1時間目から削っていないと言われる伝説の鉛筆か〜‼（ここで「あかんやないか！」とツッコミ）

さあ、そして、お！　こ、これは‼　もういつなくなってもおかしくないミニマム消しゴムであります‼　まあ、これはこれでよくここまで使ったなあと感心もしますが……。（「はよ新しいの用意してくれへん？」とツッコミ）

……と、延々と続いてしまうのでこの辺で（笑）。

このように、ちょっとしたことも「エンターテインメント」にしていくのです。

・そうじの後に各場所の係が報告するとき、あえて関西弁で話させてみる。

・給食当番が配膳するとき、レストランのウエイターのように振る舞わせてみる。

・出席をとるとき、隣の友達の返事をする。「○○さんの隣の人？」「はい！」

子どもたち、爆笑なのですが、その子自身が「お！　ウケてる！」と思って改善しないことがあるのが唯一の問題点なのでした（笑）。

朝一番は「笑い」

明るく楽しい教室をつくるために、やはり「笑い」のもつ力は大きいものです。

特に、**朝一番の「笑い」**は効きます。

一日を笑ってスタートすると、子どもたちも教師もリラックスして授業に突入できます。思考もポジティブになるので、ちょっとしたトラブルが起こったとしてもイライラカリカリせずに事に対処することができます。

リラックス&ポジティブな空気で教室が包まれていれば、たとえ子どもがふざけて掃除道具棚に入っているなどということがあっても（笑）、すぐにカッとして怒鳴ってしまう、などということもありません（もちろん注意はしますが）。

朝、教室に入るときは必ず「笑顔」。

そして黒板の前に立ったらすぐに「子どもたちと一緒に笑う」こと。

この展開ができれば理想です。

朝一番の「笑い」は値千金!

「笑い」で教室にポジティブな流れをつくり出しましょう!

……ということで、ここからは**「笑いあふれる教室をつくる小ネタ10選」**をご紹介していきます。

私が実践して確かな手応えがあった小ネタをご紹介、試してみてください。

教室小ネタ①　指から入場

始業直前、子どもたちが教室にいると、先生が廊下を歩いてくる足音がする。
足音がどんどん近づいてきて、教室に到着。
ドアを開け、先生が入ってくる……**と見せかけて、**入ってこない。
子どもたちは何事かとドアのほうを見つめている。
開いたドアからは、小指、薬指、中指……ジワリジワリと先生の指が。

指からの入場。
それも一本ずつの指の入場。

朝、教室に入るその瞬間から、子どもたちを笑いの渦に巻き込みます。

アレンジバージョンとして、指でなく顔だけ出してみてもいいでしょう。
もしくは、普通に入ろうとして、見えない壁にドン！　とぶつかってみる。壁にぶつかり驚いた顔で「誰か開けて！」とジェスチャーで叫べば、子どもたちが駆け寄ってきて教室は朝からめちゃくちゃになるでしょう（笑）。

冗談はさておき……、「何のためにするの？」なんて、野暮なことは言いっこなしです。子どもたちの笑い声を聞くと、自分のテンションも上がってきますから！

「笑い」に勝る一日のスタートなし、なのです。

教室小ネタ② スルー&黙礼

授業中、クラスのやんちゃな子どもが発言をしています。調子にのってしゃべっているうちに、当の本人も自分でわけがわからなくなり、歯止めがきかなくなっている……。


教師は、じっとその子を見つめて話を聞いています。

そして、その子がしゃべり終えたら、しばし沈黙。

「はい、じゃあ教科書開けて！」とあえてスルーします。

事の成り行きを見守っていた他の子どもたちは大爆笑。


この「スルー」の別バージョンとして「黙礼」というやり方もあります。

廊下でふざけまくっているやんちゃ君と目が合い、やんちゃ君が「まずい、怒られる！」と思ったであろうその瞬間に……**先生は「黙礼」**。

その子と黙って目を合わせてから、深々とお辞儀をします。

黙礼で「怒らないけれど見てはいるよ」ということを暗に伝えているのです。

小言や注意など言葉で表すだけでなく、ときには「気づいているよ」という姿勢だけ示して子どもに気づかせることも必要です。

教室小ネタ③　絶句（ZEKKU）

あんぐりと口を開けて硬直。

視線はその子一点に注ぐ。

微動だにしない時間、五秒。


――**「絶句（ZEKKU）」**もまた、物言わぬ伝え方の一つです。


悪ふざけをしている子どもなどに、とっさに注意したい。

でも……、言葉では伝えないほうがいいときもあるのです。

そんなときこそ、**「表情」**で伝えます。

周りの子どもたちは、先生と、先生の視線の先にある子どもとを代わる代わる見つめています。そして、みんながクスクスと笑い始めます。五秒の後には、クラス中が笑いに包まれるでしょう。

表情を味方にする。表情を武器にする。

表情はときとして、どんな言葉よりも雄弁かつユーモラスに伝える手段なのです。

ちなみに、注意したい子どもが歩いたり移動したりしている場合には、「絶句」して身体は硬直させたまま、**顔だけを動かしてその子を追尾**しましょう（笑）。

これが効くのです。

教室小ネタ④ 突然「方言」

先生がいきなり**「津軽弁」**で話し出す。
先生がいきなり**「博多弁」**で話し出す。
先生がいきなり**「関西弁」**で話し出す。

これは強烈なインパクトです！

ちょっとしたことで子どもに注意をしたい。
でも、教室をトゲトゲした空気にはしたくない。
そこで「なんべん言ったらわがるんだ、おめえは！」（↑合っているのか？）といきなりやるわけです。

鉛筆を削っていない。下敷きを忘れた。ノートの字が雑。
小さなことだけれども、一言きちんと押さえておきたいという場面でこそ、ユーモアを交えてさっぱりと、がいいのです。

コツは、教室に笑い声が起きたら、先生はその場でパッと切り上げること。

普段の会話の合間に、大真面目に〝ユーモア〟を放り込む、これが「教室ユーモア」のコツなのかもしれません。

教室小ネタ⑤　「魂出てたよ」

授業中、心ここにあらずでぼんやりとしている子どもがいませんか？
口を半開きにしてぼんやりと、どこか遠く一点を見つめている……

そんな子どもを見つけたら、**「今、魂出てたよ」**と声をかけます。

ハッと我に返った子どもを確認したら、「出てないね。大丈夫やね？　よし」と授業に戻ります。

「空也像」を思い浮かべてみてください。
六波羅蜜寺《ろくはらみつじ》の「空也上人立像」――そう、あの有名な像です。
授業中に、口を開けてぼんやりしている子がいると、私はついあの空也像を連想してしまいます。

ちなみに空也は「踊念仏《おどりねんぶつ》」を広めたと言われてます。あの空也像の口から出ているのは、「南無阿弥陀仏」が仏様の姿になったものだそうです。

現在も「空也踊躍《ゆやく》念仏厳修」という名称で踊念仏が重要無形民族文化財として残っているようです（見てみたい）。

話が歴史に移ってしまいましたが、この「魂出てたよ」も、子どもに対してさらりと注意するための声かけであり、小言を言っているようにならないための手立てです。

教室小ネタ⑥　ふくれる

教師もふくれてみましょう。

文字通り、ほっぺたをふくらますのです。

気に入らないことがあったときに子どもがそうするように、先生だって「ああ、もう！」とふくれることがあったっていいのです。


【こんなときにオススメ】
・おしゃべりをしている子が気づかないとき。
・子どもから忘れ物をしたという報告を受けているとき。
・Aちゃんの雑に書かれたノートを凝視しながら。

【上手なふくれ方】
①腕組みをする。

②子どもに視線を注ぐ。
③ほっぺたをふくらます。

いいんです、先生だってときにはふくれてみましょう。
見ている子どもは**「先生、子どもやなあ」**って言ってくれますから（笑）。

教室小ネタ⑦ ドタバタ

先ほどの「ふくれる」同様、子どものように「ドタバタ」してみるのも、子どもにウケるしぐさです。

やんちゃな子どもに注意をした後、その場を去る……**と見せかけて**、サッときびすを返して戻ってくる。

そのときに「ドタバタ」するのです。

このとき、足はがに股、腕は少し上げて脇を開いておく。

そう、ピエロの動きのイメージです。

子どもたちは先生のもたついている姿に笑ってくれます。

ちょっとしたしぐさですが、このような姿を時々見せていくことも、子どもたちとの心の距離を縮めるための秘訣なのです。

小さなことでもクラスに笑いが起きると、子どもたちの身体が〝開いて〟いきます。

一さじの笑いは、リラックスして前向きに活動できるようになるための準備運動のようなものなのです。

自分の姿を子どもたちに見られている限り、やれることはすべてやる！

そう思って毎日を過ごしている私は、実は本当にドタバタしているのですが（笑）。

教室小ネタ⑧ すっとんきょう

「〇〇さん！」

と、すっとんきょうな声で指名する。

これだけです。


こればかりはこれ以上に説明することがないのですが（笑）、教室がシーンとして、もやもやした空気のときなどに試してみてください。

停滞した教室の空気を一瞬にして変える、意外な破壊力があるはずです。


「〇〇さん！」と言うときの発声イメージ。

それは、私が子どもの頃にテレビで見ていたアニメ、「一休さん」に登場する将軍様です。

将軍様（足利義満）が「一休殿！」と一休さんを呼ぶとき甲高い声を出す、あれです！

あれです！　と言われても、余計にわかりづらいですかね（すみません）。

もちろん、これはたまにやるから効果があるものですし、私がいつもいつもすっとんきょうな声を出しているわけではありませんので、あしからず……。

教室小ネタ⑨　セルフ効果音

ドラマや映画、バラエティー番組などでは、ここぞというタイミングで効果音やＢＧＭが流れます。

ドラマよりももっとドラマチックな教室の日常。

その教室にも、ＢＧＭを流しましょう。

もちろん、自分で（笑）。

たとえば、授業で、「A地点からB地点まで人が移動する様子」を黒板に図解しながら子どもたちに提示している光景を思い浮かべてみてください。

黒板には「A地点」と「B地点」のポイントのみを図解しておきます。

そして、自分の人差し指と中指を人の足に見立てて、てくてくと動かしていく――

そのとき、**人を歩かせながら音楽を流します**（正確には、自分で口ずさみます）。

流す曲は、『まんが日本昔ばなし』の中で、登場人物が山を登っていくときにかかっていた〝あの曲〟です（すみません、またわかりませんよね 笑）。

人が歩くシーンでは、私はきまってこの曲をセレクトしているので、子どもたちも、この曲がかかると「ああ、あれね！」とすぐに気づいてくれるのです。

効果音で頻度が高いのは**「ドーーーーーン！」**。

何かを提示するときや、普段はおとなしい子が頑張って発言した後に場を盛り上げるためなど、授業というより学級活動の場などでとても重宝しています。

教室小ネタ⑩　裸足で教室IN

「裸足で教室に入りましょうキャンペーン」

さわやかな春の日や、真夏の暑い日など、「裸足で教室に入りましょうキャンペーン」をしようと子どもたちに提案してみます。

提案したその日は、子どもたちの掃除が熱心なこと、熱心なこと（笑）。

教室に裸足で上がるというのは特別な感じがするものですし、そういう記憶ほど大人になってもずっと残っているものです。

教師も子どももみんな裸足で、あぐらをかいて教室の床に座る。

そこで読み聞かせをしたり、お話会をしたり。

子どもたちにも一人一つ短いお話をさせます。

過去のおもしろ話でも失敗談でも。

車座になって座り、どんどん話していきます。

教師は上手にリード役。子どもたちをリズムよくどんどんまわしていきます。

そしてもちろん先生のとっておきの小学生のときの話。

将来先生になった子は、この日のことを先生になってから教え子に話すかも知れません。

もちろん、裸足で、車座で。

毎日過ごす学校、教室。

ときにはこんな「非日常感」を演出してみてはいかがでしょう。

一日の終わりにも、連絡帳で笑いを！

一日を楽しく過ごす小ネタ集、楽しんでいただけたでしょうか。

笑いあふれる一日、最後の締めくくりは「**連絡帳**」です。

連絡帳には、その名の通り、次の日に持ってくるものや保護者への伝言など、連絡事項を書かせていることが多いでしょう。

私も普段は、「し：宿題　も：持ってくる物　れ：連絡事項」などを基本事項として書かせていますが、ときどき次のようなやりとりもしてみたりします。

私：「**が**」と板書。
子ども：「え？」という空気。

私：**「がんばったことを書こう」**
子ども：一生懸命に書いている。
私：**「は」**と板書。
子ども：「わかった！　発表したことでしょ？」
私：「ううん。**ハッキリしたこと**」
子ども：「は？　ハッキリしたこと？？？？」
私：「トキオカ君、ハッキリしたこと言ってごらん？」
トキオカ君：「ぼくは…え～っと…お腹がすいていることがハッキリしました！」
教室爆笑！　という風に（笑）。

「**お**…おもしろかったことや、驚いたこと」

「**ち**…挑戦。明日への挑戦」

などなど、突然お題を設定し、その場で書かせていくのです。

何事も、大切なのは予定調和にならないこと。

ほんの少しのアドリブで、子どもたちの帰り支度は笑いに包まれます。

コトバだけでなくイラストでも伝える

イラストもまた、「笑い」を生み出すための重要なアイテムです。私は絵を描くのが好きなので、板書や提出物、学級通信などに似顔絵やキャラクターなどのちょっとしたイラストを入れています。

①

まず①のイラストは、おそらく最も登場頻度の高い私自身をアイコン化したイラストです。口頭で指示をするよりも、こうして**イラストにしゃべらせてみる**とインパクト大。

教室を不在にするとき、黒板に指示を書いておくなどという場合にも便利です。

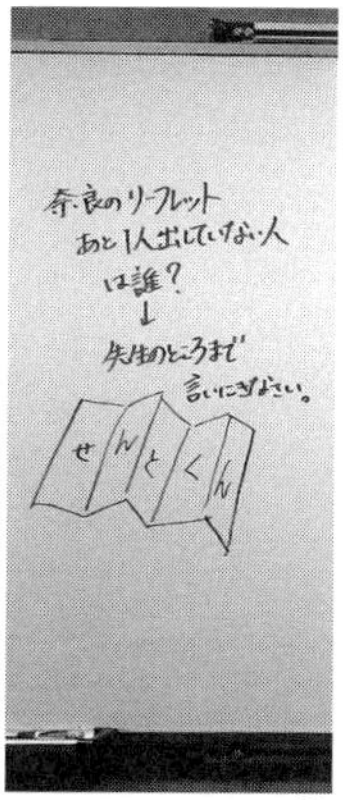

②

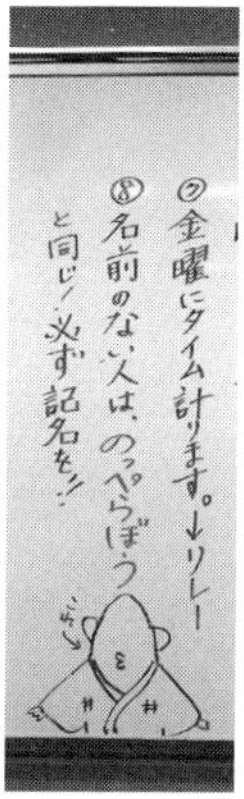

③

④

②は、提出物を出し忘れている子どもに向けたメッセージ。イラスト＋文章という視覚で伝えてみると、**口頭で伝えるよりも柔らかい印象**になります。

また、**イメージを伝えたいとき**にもイラストは便利です。③のように「名前のない人はのっぺらぼうと同じ！」と書いて、下に「のっぺらぼう」のイラストを描く。子どもたちはクスクスと笑ってくれます。

そして、便利なのが似顔絵です。④は、クラスのある子どもの似顔絵をミノムシ風にアレンジしたものですが、このように**子どもたちを登場させる**と俄然盛り上がります。

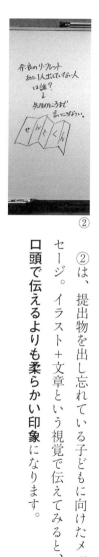

最後に、子どもたちの好きなアニメのイラストをご紹介。

登校前に黒板に描いておき、朝、子どもたちが教室に入ってくると、有名キャラクターがお出迎え！

ときにはこんなサプライズを仕掛けてみると、子どもたちも大喜びしてくれるでしょう。

「絵を描くのはどうも苦手で……」という先生もいるかもしれませんが、絵の上手い下手よりも、絵を描くことで柔らかい雰囲気、楽しい雰囲気を演出することのほうが大切です。**「どんなタイミングで」「どんなふうに」イラストを登場させるか、**遊び心をもって考えてみるといいでしょう。

小さな「サプライズ」が大きな信頼関係を生む

「そのとき、子どもはどんな顔をしてくれるだろう……?」

先ほどのイラストもその一例ですが、私は子どもたちへのサプライズが大好きです。サプライズに気づいたときの子どもたちの顔を想像すると、喜ばせるためのアイデアが自然と浮かんでくるのです。

たとえば、子どもとの日記帳のやりとりで。

私はクラスの子どもに「ログ・ノート」と題した日記帳を持たせていますが、そのノートには、日記だけでなく家でやった勉強なども書かせることにしています。「毎日の記録(=ログ)をつづる」という意味を込めて、このようなネーミングにしているわけです。

ログ・ノートには「見開きのまとめ」をよく書かせています。授業で習った内容や自主学習を子どもが自分なりのやり方で見開き2ページにまとめるというものです。

子どもが提出した「見開きのまとめ」に私がA（よくできました）やS（すばらしい）、K（キング）などの評価をして返却するのですが、クラスの中に、なかなかうまく書くことができずにいい評価をとれないB君がいました。

B君は、自分なりに工夫を重ねて何度も何度もチャレンジしていました。私も「こうしたらもっとよくなる」というアドバイスを入れて返却するなど、B君になんとかいい評価をとってほしいと思って応援していました。

そのようなやりとりを何度もくり返すうちに、B君の「見開きのまとめ」は少しずつ確実に上達していきました。

そして、ついにあるとき、最高評価の「G（ゴッド！）」にたどりつきました。

それまでのB君の努力を知っていた私は、もう自分のことのように嬉しくて、その日記帳を返すときになんとかして喜びを倍増することができないかと考えました。

そして思いついたのが、〝**付箋大作戦**〟です。

私は、「見開きのまとめ」を子どもたちに返すときに大きめの付箋に「A」や「S」と書き、コメントやアドバイスを数行書くようにしています。

普段は一人一枚、付箋を貼るのですが、最高評価をとったB君への日記帳の返却時には、その付箋をたくさん貼ってみようと思ったのです。

私はたくさんの付箋に「おめでとう」と書き、最高評価のまとめが書かれたページの周りにその付箋を張り巡らせたのです。

B君がノートを開けた瞬間、無数の「おめでとう」のメッセージが目に飛び込んでくる——**「ノートを開けたB君はどれだけ喜ぶだろう？」**とワクワクしながら付箋を貼っていました。

私は、サプライズを仕掛けた日記帳を素知らぬ顔でB君に返しました。

そして、何気なくB君の表情に注目しておく……**これぞ至福の瞬間（笑）！**

ノートを開いた瞬間のB君の表情を私は忘れません。

このように、「サプライズ」といっても大がかりなことだけではないのです。

クラス全員が喜ぶような仕掛けをすることもありますが、誰か一人だけに向けた小さなサプライズも、子どもとの信頼関係を築いていくための鍵になります。

子どもたちの喜ぶ顔を想像しながら、素敵なサプライズを仕掛けてみませんか？

part 5

【小物を使う】編

手元に置いておきたい㊰必須アイテム

大事なことは、お人形と一緒に覚える。

私の教室には「お人形」が住んでいます。

……というと、なんだか不気味ですね（笑）。今回は不気味なお人形さんの話ではなくて、お人形さんに子どもの理解の助けをしてもらう話です。

特に低学年の教室でおすすめの方法なのですが、教室の隅にある先生の机の後ろの棚のようなところに、お人形を五種類ほど並べて置いておきます。

そして、その日に学習した大事なことを、お人形一人につき一つ覚えてもらう……もとい、お人形が覚えるという体《てい》で子どもたちが覚えていくのです。

たとえば、新しく習った漢字が五文字あったとしたら、
一番右のクマさんが「**音**」、
二番目のうさぎさんが「**花**」、
三番目の犬さんが「**月**」
……などと担当してもらいます。

そして少し時間がたってから「みんな、クマさんが覚えている漢字は何だったかな？」と尋ねると、子どもたちは「音！」と元気に答えてくれます。忘れている子どももそこで復習することができるでしょう。

授業で新しい漢字が出てきたときに、教師が紙に「音」とマジックで書き、クマさんの足の下などに入れておけば、みんなで確認するときにその紙を見ながら答えを確かめることもできます。

漢字以外にも、算数の公式を覚えるときや、教室での決まりごとをしっかりと共有したいときなど「ここぞ」という場面でお人形に登場してもらえば、きちんと子どもたちの記憶に残るはずです。

お人形たちの登場場面、他にもこんなものはいかがでしょうか。

子どもが話（発表）をするときに**「うさぎさんが聞いているよ」「くまさんも応援しているよ」**などと言ってみる。

低学年の子どもたちは友達の話を一生懸命に聞いてくれることでしょう。

ときには、お人形たちを時々いつもの場所から移動させて、**「ほら、今日はこんなところでみんなを見守っているよ」**というのもあり……かもしれません。

教室の入り口の上とか、黒板の上とか、後ろのロッカーの上とか、○○君のロッカーの中とか（ちょっと怖いでしょうか？笑）。

ロッカーの中に隠れている場合には、こう言います。

「あれ、うさぎさんが○○君のロッカーの中で〝苦しい〟って言っているよ……（笑）」

今日のぼくの漢字は音だよ！
えーと…
月
花
音

小さなカラダ、大きな存在感、パペット。

次のページの写真は、私が講師をしている「教師のレシピセミナー」での「パペット講座」の一幕です。

みなさん、「マイ・パペット」の所持率が高いようで……楽しそうな顔をされています。

パペットは、手にはめるとまず最初の魔法がかかります。

はめると必ず本人が笑顔になるのです（しかめっ面でパペットは怖いです）。

そして、使われるパペットもなんだか嬉しそうに見えます。小さい体のパペットくんが、教室で先生の頼もしい味方になってくれるという一例を次のページから紹介していきましょう。

先生：「今日は先生のお友達を紹介します！」
子ども：「え～、誰～？」
先生：「ごめんね。こんな窮屈なところに閉じ込めて」
先生の机の上には、先ほどから不自然に置かれているあやしいお医者さんカバンのようなものが。
カバンをわざとらしく動かす先生。
そして、カバンに耳を近づけながら……、
先生：「何？　苦しい？　早く出せ？　はい、はい。すみませんよ～」
パペット（宇宙人型）登場！
先生：「**ドーーーン！**（口頭で効果音）」
子ども：「うわぁ!!」
先生：「さあ、今日は先生のお友達を紹介します！
先生のお友達の〝**斉藤さん**〟で～す！」
子ども：「わ～～～～ぁ……あ？」

（高学年なら「斉藤さんて！」とツッコミが入る。低学年は歓喜とともに不思議そうな顔）

先生：「ねえねえ、斉藤さん！」

斉藤：「なんや？」

先生：「うわぁ、すごい。関西弁なんですね？」

斉藤：「そうや。で？　何の用なん？」

先生：「斉藤さんは子どもたちのことを一瞬で見抜けるすごい能力をお持ちだとか……」

斉藤：「まあ、持ってないか、持ってるかいうたら持ってるわな」

先生：「では、ちょっと質問してもいいですか？」

斉藤：「ええよ」

先生：「この中で、**ドッジボールが上手な子**ってわかります？」

斉藤：「そんなん簡単や。あの右端に座ってる髪の毛がツヤツヤした子やろ？」

先生：「（子どもたちに向かって）どう？」

子ども：「あたってる〜！」

斉藤：「まだたくさんいるで。ドッジボール上手な子。避けるのが上手な子やろ、投げるのが速い子、何だか知らんけど生き残る子、いきなりあたって盛り上げる子……

（順番に宇宙人の小さな手で指していきながら）」

先生：「すごい、さすが斉藤さん。じゃあちょっと聞きにくいんですけれど、この中で、**先生の言うこと全然きかへん子**ってわかります？」

斉藤：（無言であたりを見回す。無言…無言……）

――と、ここで、解説させてください。

この**「しばしの間、無言で見回す」**というのがとても大事なポイントなのです。

無言で、パペットがクラスを左から右へとじっくり時間をかけて眺めます。この間に、クスクスと笑い始める子どもがいたり、友達の顔をのぞき見る子どもがいたり……。

パペットが今度は右から左へとゆっくり戻ってきます。そして一人の子どもに照準を定めます。

その子をいったん少し通りすぎた後にピタッと止まり、その子に向き直って～渾身の～

ロパカッ！（感無量）

この瞬間は実際に教室で体験してください（笑）。

そして最後に、大切な心構えを一つ。

このパペットを使う場合にも、「口パカッ！」をされた子どもがクラスのヒーローになるような学級づくりをしておくことは欠かせません。

誰か一人の子どもをみんなの前で取り上げるときには、クラスのみんなが楽しめると同時に、その子自身も喜べるような状況かどうかの見極めが肝心だということは、いつも心に留めておきたいものです。

……あ、忘れるところでした。

その日のお勤めを終えたパペットにはきちんと、教室を出る前に声をかけましょう。

「斉藤さん、今日もありがとうね」

「教師のレシピセミナー」（主催：尼崎教育文化センター　後援：教師塾「あまから」）

一学期に一度、兵庫県尼崎市で開かれている、すべての先生と先生を目指す学生向けのセミナーです。

問い合わせは「森川正樹の教師の笑顔向上ブログ」内に掲載しているメールアドレスまで。

ベルを鳴らして、教室の空気をチェンジ。

今や百円ショップでも買えるようになった**「チーンベル」**。「コールベル」「卓上ベル」などいろいろな呼び方があるようですが、手の平でチーンと鳴らすあの銀色のベルです。
これも使い方次第で、ちょっとした教室の空気のシフトチェンジに役立ってくれます。
・作文を読んでいきながら「チーン！」
・（やんちゃしている）○○君！「チーン！」
・はい、時間切れ！「チーン！」
ストップウォッチよりも、テンポよくユーモア感も演出できるおすすめアイテムです。
ちなみに、ベルを使うときのコツは**「使いすぎないこと」**、これにつきます。

―おしまい―

モーツァルト→ベートーベン→担任の先生!?

音楽の教室の壁に整然と並んでいる、**あの有名な肖像画たち**——夜中にベートーベンの目が光ったとか、モーツァルトが睨んできたなど、噂話も多いですね。

あの肖像画が並んでいる様子をイメージして、道徳の授業などで取り上げた有名人の顔写真を教室に掲示してみます。

取り上げる偉人は、何も歴史上の人物だけでなくてもいいのです。スティーブ・ジョブズ氏であってもいいし、野球のイチロー選手やテニスの錦織圭選手でもいい。もしくは、地元の有名人（たとえば私が現在勤務している兵庫県宝塚市なら小林一三氏など）であってもいいわけです。

私は道徳の時間にそういった様々な夢を叶えている人たちの生き方を子どもたちに話します。そして、その顔写真を肖像画のようにして教室後方の壁に貼っていきます。子どもたちがいつでも見られるようにしておいて、これからの人生を歩むヒントにしてくれるといいなと思うのです。

さて、そろそろユーモアの話にうつりましょうか（笑）。

名だたる偉人たちの肖像画の中に、**先生の顔写真をさりげなくまぜてみましょう。**

もちろん、この作戦の実行は、放課後、子どもたちが全員きちんと下校するのを見届けた後で……翌朝、見つけた子から大騒ぎになるはずです（笑）。

もう一つ、いたずらを仕掛けるならば、「今まで学習した偉人総ざらい」として、フラッシュカードのように一枚一枚めくって確認していく時間をとってみます。

……もうおわかりですね。

その中にすべり込ませておくのです。**自分の顔を。**

「モーツァルト！」
←
「ベートーベン！」
←
「キュリー夫人！」
←
「え!?　ええ??」

恐れ多くも自分の顔を偉人の顔たちと並列に並べる度胸のある先生は、ぜひ試してみてください（笑）。

（自分の顔でなく、校長先生や隣のクラスの先生の顔などを入れてみてもいい……かも？）

手軽に楽しく！ハンコ活用！

ハンコ（スタンプ）は、職員室や教室など、いつも手の届く場所に置いています。


日記を「見ました」のサインとしてポン！

子どものプリントなどをチェックだけするときにポン！

学級通信や自作プリントなどのちょっとした隙間にポン！

ハンコのイラストに押してから少し絵を描き加えたり、ハンコを押した横にコメントを書き入れて、ハンコ&言葉の合わせ技にしてみたりすると、文字だけよりもグッと見栄えがよくなります。

私は自分の顔をキャラクター化したハンコと、自分で考案したオリジナルキャラクターのモグラ君のハンコを愛用しています（写真）。

この二つは勉強会仲間の〝手作りハンコの達人〟に作ってもらったものですが、手先の器用さに自信のある先生は、このようにオリジナルハンコづくりにチャレンジしてみるのもいいかもしれません。

デジカメひとつ。使い方はいろいろ。

デジタルカメラは、もはや「教師の必需品」ともいうべきアイテムです。

子どもたちの活動の様子を撮影する。
毎時間の板書を撮って記録に残す。
体育の跳び箱などで短めの動画を撮る。
放課後、子どもたちが遊んでいる姿を撮る。

子どもたちにとっては、「自分が撮影されている」というそのこと自体が嬉しいのです。
授業中に机間指導をしながら子どものノートを写真に撮れば、「あ、自分のノートが撮られている！　やった‼」と、その子の自信につながるでしょう。

ここで一つ、ユーモアを取り入れたデジカメ活用法を。

子どもたちのおもしろショットを本人が気づいていない間に撮影しておき、給食の時間などにみんなの前で映し出してみます。

「さて、今日は図工の時間のみんなの様子をレポートします！　彫刻刀で版画を彫っているみんなの真剣な眼差しを見てみましょう」と前置きをしてから、まずは作業中の子どもたちの真剣な表情を映し出します。

しばらく真剣な表情が続いた後に……**クラスのやんちゃ君の登場です**（笑）。

作業の合間に〝ぼ〜〜っ〟としている瞬間を密かに遠くからズームで撮影しておき、

「実はこんな衝撃の写真が撮れてしまいました！」とその子の顔のアップを出す。

教室はもう大爆笑。

もちろん、このときも、どの子どもを取り上げるかは、子ども同士の関係性やクラスの雰囲気などをきちんと見ながら判断するようにしています。

ユーモア「紙芝居」術！

紙芝居――魅力的なアイテムですね。

読み聞かせなどが大好きな私は、プロのおじさんが読んでくれる本格的な紙芝居も観たことがあります。昔ながらの水飴をなめながら（笑）。

紙芝居は、子どもたちを惹きつけるよくできたツールだなあと改めて思います。

絵を一枚一枚順に抜いていく、その手法はアナログですが、読み手の力量次第で無数の演出をすることができます。観ている人の反応を確かめながらお話を進めていけるのも、アナログツールならではのよさでしょう。

ちなみに、紙芝居を演じるときに絵を抜き取るあの木枠を「紙芝居舞台」といいます。

紙芝居をやるときにこの木枠があるのとないのとでは、雰囲気が全く変わってきます。

この紙芝居舞台込みで紙芝居だなあと感動したことのある私は、なんとこの木枠を購入してしまいました。自作の紙芝居を子どもたちに見せるためなのですが、この自作紙芝居については別の機会にお話しすることとして……。

もちろん、木枠なしでも十分、紙芝居を楽しむことはできます。

ただし、ここでも少しユーモアを入れてみましょう（笑）。

紙芝居のもともとのお話に、**アドリブでオリジナルのセリフなどを加えてみる**のです。

「サルもキジも口をそろえて言いました」というくだりなら、「サルもキジも〝**カワノさんも**〟口をそろえて言いました」とクラスの子どもの名前を入れてみます。

子どもたちは「え？」「え？」の表情です。

「先生、今、『カワノさん』って……⁉」

「え？　何のこと？　気のせいだよ。まあ続きを聞きなさい」

あえて何事もなかったように続けてみます。

「おじいさんは『桃太郎、危ないことはおやめ』と言いました。**トキオカ君も『そう**

だよ。鬼になんかかないっこないよ』と言いました」

子どもたちはもう**大パニック！**

次からは「紙芝居！　紙芝居！」の大合唱（笑）。

もっとも、これは紙芝居だけでなく、普段の本の読み聞かせなどでもできることで、ただふざけるためにやるのでなく、子どもたちの参加意識を高めるためにも遊び心を加えてみるということです。

また、古くなった紙芝居のストックがあれば、有名な話の紙芝居をシャッフルして一つの物語として読んでしまう「シャッフル紙芝居」も〝荒技〟ですが盛り上がること間違いなしです。

日々の授業の中に、時折このようなユーモア授業を取り入れてみると、子どもたちにとって「非日常感」を楽しめる特別な時間となることでしょう。

part 6

【先生の心得】編

笑いとユーモアでクラスをまとめる!

楽しむ天才になろう

京都・嵐山の天龍寺を歩いていたときでした。
季節は秋、ちょうど紅葉のシーズンで、周りは色鮮やかなモミジにあふれています。
前から歩いてきた二人組の女性の会話が聞こえてきました。

女性1 **「うわぁ、モミジっぽい！」**

瞬間、私は心の中で「やられた！」と思いました（笑）。
この、モミジだらけの、言うなればモミジしかないような状況の中で〝モミジっぽい〟ですよ？——彼女の〝天然の〟才能に嫉妬心すら覚え始めていた私の耳は、続いて隣の女性の言葉を捉えました。

女性2 **「……って、モミジやん！」**

ここまで書くのに随分と行数を費やしてしまいましたが（笑）、これらはコンマ数秒間の出来事です。ものの見事にボケとツッコミがくり広げられた瞬間でした。

間《ま》、タイミング、声のトーン、……**すべてが完璧**でした。

もしも『お笑い大辞典』というものがあれば、その「ボケとツッコミ」のページに載ってもおかしくないと思えるほどに（笑）。

さて。

私がこの話を書いたのは、このような秀逸な「ボケとツッコミ」をくり広げている二人がすごい……ということではもちろんなく（笑）、何でもおもしろがることができる人でありたい、ということをお伝えしたかったためです。

この二人の女性は、アハハと笑い合いながら私の横を通り過ぎていったのですが、この楽しみ上手な姿勢がとても素敵だと思いました。

教室で子どもたちを見ていると、遊びの中でも会話の中でも、ちょっとしたきっかけを見つけて友達同士、大笑いをしています。そのような様子を見ていると、子どもというのは「楽しむ天才」だなあとつくづく思います。

それなら、私たち教師も子どもと同じくらい……いえ、**目の前の子どもたち以上に「楽しむ天才」になりたい**、そんな心構えで一日一日を過ごしていきたいと思っています。

「おもしろくない時間」がない人

その人は「おもしろくない時間」がないように見えます。
その人はいつも明るい人に見えます。
その人の瞳は少女マンガの主人公のようにキラキラしているように見えます。
その人の近くに行くと、自分の心の中まで明るく照らされるような気がします。
その人はときとして不気味に笑っていることがあります。
……あれ？　私事？（笑）。

「おもしろくない時間」は、その人の意識が決めます。
「おもしろくない」と思ったその瞬間に、「おもしろくなくなる」のです。

ちなみに、私にとって、元テニスプレイヤーの松岡修造さんは「おもしろくない時間」がない人のように見えます。どんな場面でも、目の前の人や物に対していきいきと目を輝かせているような……。

そして、俳優でありタレントの昭英さんも、出演されているテレビ番組などを見ているとご本人が一番楽しんでおられるような印象を受けます。

お二人ともいつも全力投球、一生懸命に見えますが、決して無理しているようには見えません。私はお二人の大ファンです。

実は教師は、なんでもおもしろがることができる特別な仕事なのです。

なぜなら、いつもすぐそばに**「遊びの天才」**である子どもたちがいるから。

〝遊びの師匠〟と同居しているようなものです（笑）。

教師自身の「感性」がさび付かないように歯止めをしてくれているのは子どもたちなのです。

それなら、もっとどっぷりと「子どもの心」を磨いていきたい。

面倒だと思える仕事も「遊び心」をもてば、自ずと取り組み方も変わってきます。

掃除でも何でもゲームのように楽しんでみる。

子どもの目線で子どもの椅子に座って考えてみる。

コピーや印刷などをするときにも、時間を計って〝自分ギネス〟に挑戦してみる。

おもしろくない研修に参加することになったら、それがなぜおもしろくないのかをノートに書き出すことに逆におもしろみを見出してみる（笑）。

子どもと一緒に遊ぶときにも、子どもが目を輝かせるくらいの遊びを教師のほうが提案できるくらいの**〝おもしろがりキング（もしくはクイーン）〟**になりたいものです。

鏡よ、鏡……

私：「鏡よ鏡、世界で一番〝**能面**〟**な先生**はだあれ？」
鏡：「それは**あなた様**でございます！」

がーん……。

と冗談はさておいて（笑）、出勤する前に一度、鏡に聞いてから家を出てください。
自分は「能面先生」になっていないだろうか？

以前、私がある研究会で授業をしたとき、授業を観てくださっていた先生から「笑顔がない」と指摘を受けたことがありました。

気をつけていたつもりの自分が、まさか笑顔を忘れていたとは……。

そのときは、研究会という状況や普段とは違った教室環境という特別な要因がそうさせたのかもしれません。でも、私たちが普段、授業をするときというのは、ほとんどの場合が一人。自分で意識するしかありません。

今、「笑顔」でおはようと言えているだろうか。
今、「笑顔」で授業しているだろうか。
今、「笑顔」で子どもたちを指名しているだろうか。

そして話すときは豊かな表情とセットで。

表情豊かな担任の先生のクラスの子どもは表情豊かになります。

プロ意識は、「表情」に表れるのです。

子どもが動きたくなるのはどんなとき？

「え〜っと、サトウさん、漢字ドリルは何ページまで終わったんだっけ？」

「ヤマモトさん、この時間、何時までだった？」

「ちょっと悪いけど助けて！　誰かこのプリント配って！」

「誰か……今、先生の考えていたこと思い出せない？（笑）」


このように、私は子どもたちに助けを求めることがありますが、何度かこのようなお願いをしているうちに、自分から動いてくれる子どもも現れるようになりました。

たとえば、私が明日の連絡を黒板に書きながら宿題の漢字のワークを手に取ると、すかさず「先生、○ページからです！」と教えてくれたり、配布プリントに手を伸ばすと「先生、配ります（配っておきました！）」と進み出てくれたり。

私から尋ねたりお願いしたりする前に、先をよんで動こうとする〝猛者《もさ》〟がクラスに登場するようになったのです。

そのような〝猛者〟を見つけたら、しっかりと全員の前で評価をしてあげます。


「今日の掃除の時間に、先生とっても感心することがあったわ。

先生がプリントを配ろうとしたら、トキオカ君が『先生！　配ります！』と言って配ってくれた。先生が新しい雑巾を出して雑巾掛けに掛けにいこうとしたら、コジマさんが『先生、掛けてきます！』。先生がトイレに行こうとしたら、ニシダ君が『先生、トイレ行ってきます！』。全部自分たちでしてくれたのよ」


（子どもたちは一瞬「ん？」……そして**爆笑**）


先生に頼られる、先生の力になる、ということは子どもにとって嬉しい場合もあります。

私たちも誰かの力になれたと思うとき、嬉しくなることがあるでしょう。

ここで気をつけなければならないことがあります。子どもたちにいろいろ頼るのはいいことですが、そこで〝闇雲に頼らない〟ということが大切です。

言い換えれば、**「頼る内容をきちんと選んでいる」**ということ。

本当に困って頼っている、という場面で頼るのではなく、子どもたちの自主性を伸ばすなどの効果があると判断した場合です。加えて、頼むことが教師の信用や信頼を崩すことにならない場合です。

判断は、コンマ何秒という時間です。

〝何気ないやりとり〟に見える時間です。

教師の教室内での行動、言動には意味がなければなりません。

思いつきでパッと対応しているような場面は多々ありますが、それらはやはり「意識して教師をしてきた時間の蓄積」がそうさせているのです。

常に教師として〝意識〟し、行動する積み重ねが、瞬時の判断を生みます。

「頼る」ということも、「丸投げ」ではなく、そこに**教師としての子どもを成長させるという根底の意識、意図がなければならない**と思っています。

〝少し勝ち越す〟心で……

声優のたてかべ和也さん。

長らく『ドラえもん』の初代のジャイアンを演じてこられた人です。他にも『ヤッターマン』のトンズラー、『ど根性ガエル』のゴリライモ、『はじめ人間ギャートルズ』のドテチン……いずれも国民的な人物です（笑）。


さて、たてかべさんのこれまでの長い仕事人生の目標は、**「八勝七敗」**だそうです。

つまり、**「少し勝ち越す」**こと。

周りの先生たちと話をしていると、教師という仕事の大変さを実感することがあります。

放課後は毎日、遅い時間まで翌日の授業の準備をしているという話もよく聞きます。

真剣に必死に頑張っている先生こそ、つい「あれもできていない」「これもできていない」と思ってしまうことがあるのかもしれません。

そのようなときは、たてかべさんの言葉を思い出します。

高い志は持ちつつも、「八勝七敗」の精神で、少し勝ち越すような心で——。

私の先輩の先生は、次のようにおっしゃっています。

「百点の授業をするのではなく、毎日七十点の授業を継続したい」

そうなりたいと私も思います。

このことは、付け焼き刃でない本当の実力がないとできません。

教師の心はメンタルが重要です。

心が折れそうになることもしばしばです。

だからこそ、〝ぼちぼち〟いきましょう。

あきらめずに。
楽しみながら。

明日もまた、笑顔で教室に来てくれる
あの子がいるのですから。

エピローグ

私たちは魔法使いではありません。
ほうきに乗って空を飛ぶこともできなければ、魔法のステッキでライオンを子猫に変えることもできません。

しかし、です。
私たちにも生み出せる〝魔法〟があります。

私たち人間が生み出すことができる魔法――
それは**「笑い」**です。

「笑い」は心と心をつなぐ見えない糸。子どもと教師、そして子ども同士をつなぎます。

「笑い」は人を癒す薬。一緒に笑い合えばネガティブな気持ちも癒されます。

「笑い」はリセットボタン。教室の空気を一気に変えてくれます。

「笑い」は、無条件に問題を解決してくれる、まさに「魔法」なのです。


この本を書きながら、「あのときはあの子がこう言っていたな……」「この子がこんなことをしたな……」と、これまで担任してきたたくさんの子どもたちの顔が浮かんできて、知らず知らずのうちに笑顔になっていました。楽しくてピアノを弾くよう書いていました。


反面、「ユーモア」を文章にするということの難しさも実感しました。

でも、今、この本を書きたかった。

なぜなら……


子どもたちの笑っている姿ほど、素敵なものはないからです。

その姿を見ることほど、幸せな気持ちになれることはないからです。

私はこれからも「笑い」という柱でクラスをつくっていきたい。
温かな教室は「笑い」が生み出してくれると思っています。
最後に一言。
この本を買って、ぜひ目の前の先生にプレゼントしてあげてください（笑）。

さていかがでしたか、ユーモア列車の乗り心地は……。
最後までご乗車いただきましてありがとうございました。

本書をまとめるにあたり、東洋館出版社およびイラストや装丁などご尽力いただいた全ての方々に感謝申し上げます。

子どもと笑い合えた幸せな日に

森川　正樹

[著者略歴]

森川正樹 (もりかわ・まさき)

兵庫県生まれ。兵庫教育大学大学院言語系教育分野(国語)修了、学校教育学修士、関西学院初等部教諭。

全国大学国語教育学会会員、日本国語教育学会会員、国語教育探究の会会員、基幹学力研究会幹事、教師塾「あまから」代表、読書会「月の道」主宰、「教師の笑顔向上委員会」代表。

国語科の「書くこと指導」「言葉の指導」に力を注ぎ、「書きたくてたまらない子」を育てる実践が、朝日新聞「花まる先生」ほか、読売新聞、日本経済新聞、日本教育新聞などで取り上げられる。県内外で「国語科」「学級経営」などの教員研修、校内研修の講師をつとめる。社会教育活動では、「ネイチャーゲーム講座」「昆虫採集講座」などの講師もつとめる。

著書に、本書の第一弾&第二弾『あたりまえだけどなかなかできない教師のすごい!仕事術』『言い方ひとつでここまで変わる教師のすごい!会話術』(東洋館出版社)、『先生ほど素敵な仕事はない?!―森川の教師ライフ=ウラ・オモテ大公開―』『クラス全員が喜んで書く日記指導―言語力が驚くほど伸びる魔法の仕掛け』『小1～小6年“書く活動”が10倍になる楽しい作文レシピ100例　驚異の結果を招くヒント集』『学習密度が濃くなる“スキマ時間”活用レシピ50例―教室が活気づく、目からウロコ効果のヒント教材集―』『どの子も必ず書けるようにする国語授業の勘所―「つまずき」と「ジャンル」に合わせた指導―』(以上、明治図書)、『どの子も必ず身につく書く力』(学陽書房)他、教育雑誌連載、掲載多数。また、教師のためのスケジュールブック『TEACHER'S LOG NOTE(ティーチャーズログ・ノート)』(フォーラムA)のプロデュースもつとめる。

[社会教育活動]

「日本シェアリングネイチャー協会」ネイチャーゲームリーダー、「日本キャンプ協会」キャンプディレクター、「日本自然保護協会」自然観察指導員、「CEE」プロジェクトワイルドエデュケーター

[ブログ]

森川正樹の“教師の笑顔向上”ブログ
http://ameblo.jp/kyousiegao/

このユーモアでクラスが変わる

教師のすごい！指導術

2015（平成27）年３月29日 初版第１刷発行

著　者　森川正樹
発行者　錦織圭之介
発行所　株式会社 東洋館出版社
〒113-0021 東京都文京区本駒込5-16-7
営業部　電話 03-3823-9206／FAX 03-3823-9208
編集部　電話 03-3823-9207／FAX 03-3823-9209
振替　00180-7-96823
URL http://www.toyokan.co.jp

装　幀　水戸部 功
イラスト　大森眞司
印刷・製本　藤原印刷株式会社

ISBN978-4-491-03112-5　Printed in Japan